來練愛吧

讀心女神 | 趙安安 博士——著

目錄

Ch2 當愛不再浪漫……

Ch3 愛是身心靈的依歸

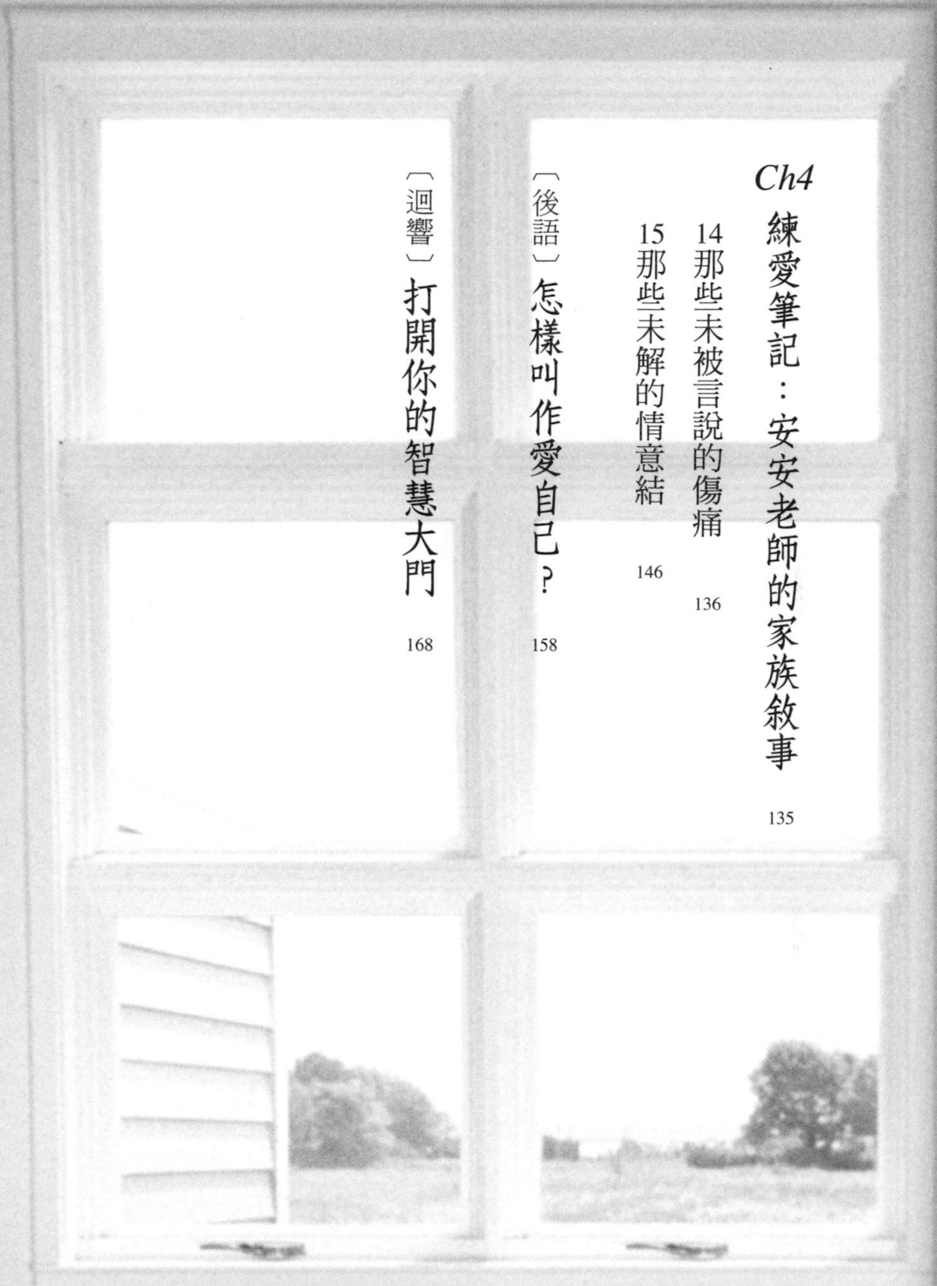

〔前言〕

和自己談一場終生的戀愛

作為一個心理學家，我會花很多時間來聽我的來訪者講故事。在他們的故事中，我聽到過許多的情緒，那些彷徨與無奈，煩惱與困惑，傷痛與苦楚，種種的幸與不幸，明媚與哀傷。而當我把這些故事記錄下來，我驚訝地發現，他們講述的主題兜兜轉轉，卻總也繞不開一個字，那就是「愛」。戀人之愛、友人之愛、親人之愛、對自己的接納與愛……「愛」這個字眼總是伴隨著許多的美好情愫，自然也衍生出許多的愁腸百結。

我們總是在「談論」愛，但，我們真正「懂得」愛嗎？

從心理學來講，「愛」是一種正向的關懷（positive regard）。它有著很大的外延：可以是嘴角浮現的一彎淺笑，充滿善意的一個擁抱，甚至心頭湧動的一絲善念。每每在這樣的時刻，那些讓我們感覺到溫暖的，就是愛的力量。

我們對愛的感知來自於日積月累的習得。每個人出生後都在學習，學習去愛，學習被愛。如果我們今天很乖、考試考得很好，或者是做了讓父母、老師喜歡的事情，就會得到獎勵，在得到獎勵的時候，我們小小的心靈就會把它當成是一種「愛」。我們在這樣的經驗當中學習愛，也慢慢從這樣的經驗當中扭曲了愛的深層意義。

我們漸漸發現，原來愛是有條件的，我們是否值得被愛，這與我們的表現相關聯。我們開始習慣用一種有條件的愛去看待這個世界、看待我們自己——我一定要成績很棒，我才是有價值的；我一定要賺到很多錢，我才是成功的；我一定要長得多麼漂亮，我才是值得被愛的。而我們也是用同樣的標準在看待別人：當別人達到某一種標準的時候，我們才會願意去付出愛；而一旦偏離了這樣的「條件」和「標準」，我們會變得惶恐不已，開始變得自卑，變得低自我價值，變得越來越缺乏安全感。

面對感情，你希望和他一天N通電話，二十四小時都黏在一起，彷彿只有如此依賴，才能證明愛的存在；你喜歡在社交網站上秀恩愛，將自己生活的瑣碎公之於眾，被這個世界虐待後忿忿地吐槽，自以為文藝地寫下憂傷惆悵的心情，期待著旁人的安慰與同理心……

不知從什麼時候開始，愛成了一種奢侈品，你以為愛只能由旁人給予，於是不斷地向外索取。而埋藏在你心底的，是內心裡的焦慮與恐懼，是安全感的抽離。

漸漸地，就算你終於達到了那所謂的「標準」，就算全世界都愛你了，你依然感到空虛寂寞、覺得冷；你說這還不夠，你還需要更多，於是它成了一個追逐的遊戲，越來越累、越來越停不下來，但你依舊不知道如何逃離那份寂寞與空虛。這一切的一切，只因你丟了自己的世界，忘了「愛自己」。

英國才子王爾德曾經說過：「愛自己是一場終生戀情的開始。」每個人都要和自己談一場終身的戀愛。只有愛自己、悅納自己，才能使得自己獲得更多的快樂，擁有越來越多感覺自己很美的時刻；也只有愛自己、悅納自己，你才能讓身邊的人跟著你一起快樂。所以我寫這本書，只是想要用我聽過的故事，讓更多的人憶起初衷的愛，好好地愛自己。

學會愛自己，要從接受自己的不完美，從學習「無條件的愛」開始。

你有沒有發現：一朵小花、一棵小草，它好像不用特別去做什麼，這個宇宙還是會滋養它，給它陽光、空氣和水。不管它是一棵小小的草或者它是一棵大樹，這個宇宙給予它們的滋潤與恩典，都是一樣的——只因為你存在，只因為你在那裡，這份愛就自然地湧向你，這就是「無條件的愛」。

學會愛自己，需要我們接納自己一切的狀態，不去批判自己，不去逃避自己，不去攻擊自己，只是誠實地、如實地關照自己的狀態。當你看見自己的優點，你去欣賞它；而當你看見自己的缺點，你也願意接受你有這樣的缺點，並且給自己機會去改變它，而不是批判自己，不需要把負面的情緒加諸在自己身上。看自己永遠都是值得被愛的，這就是無條件的接納包容，然後願意用力量去改變、去行動，這才是真正的愛自己。

一位紐約攝影師專門街拍穿著打扮很有品味的老婦人，再把她們的照片上傳到網路上。那是一組令人相當驚艷的照片：老太太們穿著精緻，打扮優雅，墨鏡、帽子、圍巾、首飾等配飾，更是被她們拿來恰如其分地扮靚，年齡最大的老太太高齡一百歲，接著是九十、七十一、六十九歲……很多女人看到這組照片，紛紛表示希望自己老後也能如此美麗。

有的女人有更大的心願：希望自己不害怕歲月流逝，能夠如此優雅從容地老去。這組照片讓我看到，美更多的是一種態度，與年齡無關。而這個態度裡面包含著「愛」——愛生活，愛自己，愛一切美好的事物。只因為你足夠愛自己，於是所有的美好便都湧向你，這樣的你充滿了生命的華彩，無懼歲月，永遠都是最美的存在。

只有當你足夠愛自己，你才有能力去愛別人。

我們每個人生下來就像是一個杯子，裡面裝著愛與幸福。如果我們能先將自己面前的杯子斟滿，心滿意足地快樂了，自然就能將滿溢的福杯分享給周圍的人，也能快樂感恩地接受別人的給予。

小S曾經寫過一篇文章，叫做《悅己才能悅人》。她說：「當你真的讓自己過得開心之後，就會發現，你的親人和家庭，你周圍的世界，並沒有因為你的『自私』而變得糟糕。相反，正因為你活好了自己，他們也分享了你的快樂、幸福和成功；你所能給予家人和這個世界的，反而會更多。說白了，人們都喜歡看到一個快樂、生動的美人，而不是愁眉苦臉、委曲求全的怨婦。」

我們要常常給自己愛的鼓勵。每天請抽個時間，例如可以在刷牙洗臉的時候，看著鏡子給自己一個微笑，然後對自己說「我愛你」。不為什麼原因，就是單純的愛著自己。當你能夠敞開心，當下去感知你全然的臨在，你會驚艷於生命本身本來就存在的富足。

你的內在會得到很多的滋養，特別是在那些「你發現自己今天不太可愛」的時候。

當達不到外界所設定的標準，或者是過去的我，舊有的想法又在評頭論足，我們容易對自己生氣憤怒、覺得自我沒有價值。越在這個時候，你越要做這樣子的練習——重新讓你丟開老舊的思想模式，告訴自己：我愛你，無條件的愛。

Ch1 愛情是魔咒？

01 為何你在愛情中，總是碰到同一類人？

初戀的甜蜜酸楚，那些年的青春情事，你還記得嗎？
十七歲，一個洋溢著青春、憧憬著愛情的花季。有戀愛，
失戀自然也是必修的學分。

那些年，初戀教會我們的事

他比她大十歲，是她課餘時間打工餐廳的經理。當浪漫遭遇現實，他的父母極力反對交往有憂鬱症的女友，兩邊的拉扯讓他倍感沉重。他說，我們也不要再繼續了。她很傷心。剛從憂鬱症重患中艱難走出，回到明媚的校園生活，初戀男友的出現，無疑是給湖上孤舟的她帶來了一縷曙光，卻沒想到那麼快就失去了這個甜蜜的依靠。

帶了女孩半年的心理諮詢，接到她哭訴的來電，我也很心疼。我輕聲問她：「妳心裡有什麼話，想對他說卻沒有說出口的嗎？」

「我覺得他好壞好壞……」她在電話那頭嚶嚶啜泣。

「好，既然他這麼壞，那妳可不可以對他把想說的、想罵的，全部發洩出來？」

「我覺得你很壞，你欺負我，你是大壞蛋……」她哭得淒慘。

「還有嗎，怎麼才講三句就不講了呢？應該還有一些可講的吧！既然妳覺得他這麼壞。」

「沒有了，其實我好想他，好愛他，好想他回到我身邊。他說會照顧我一生一世的，怎麼會在三個月後就變了，就不再理我了呢？我好想他趕快回來趕快回來……」

她彷彿在對著電話哀求。

這時，電話另一頭的我問她：「妳以前有沒有失去過自己很愛的東西？」

「有。小時候我家有一個保姆，做了很長很長時間，後來因為她要回家鄉的緣故，離開了我們。那時我很傷心，每天都在想她回來。」

「那妳是怎麼走出這種傷心的呢？」

「是時間。」

「是的，就是時間。時間能治療我們的心痛，復原我們的傷口。如果我們不只談『失去』的話，想想妳在這段感情裡獲得了什麼呢？」我輕聲地引導她。

她說：「我嘗到了什麼是愛情的甜蜜，知道了怎樣是心痛的感覺。」

我驚訝，小小的她講得如此詩意浪漫。「那感覺是怎樣的呢？」我問她。

她接著說：「以前聽朋友說，談戀愛會嘗到酸甜苦辣。開心的時候，真的像飛上了天；但現在，我的心空盪盪的，像被挖空了，我才知道分手是這麼痛苦。」

聽到她這麼快就有這番領悟，我很欣慰。

「是啊，我們的每一段感情都是獨特的，都會在我們心裡留下一個位置。比如這個男孩，也一定在妳心裡留下了一個很重要的位置。有過淚水和痛苦，也有歡笑和甜蜜，這都是妳人生的一部分，就讓他在那裡。然後妳會發現，漸漸地，難過的時間在縮短，慢慢地妳也開始喜歡上別的男人，別人也會住進妳的心裡，而這個前男友，還是會在妳心裡留下一個小小的位置。」

停頓了幾秒後，我問她：「假如妳現在已經三十歲了，即將要結婚，這個分手的男友就坐在妳面前，妳有什麼話想對他說的嗎？」

女孩頓了頓，說：「謝謝你曾經帶給我一段美好的初戀。這段初戀是甜蜜的，也是心痛的，這都是我人生歷程的一部分，不必去在乎結果。謝謝你陪我走過這一段人生路，祝福你可以遇到更適合的對象，我也會努力經營自己的幸福。」

聽到她這麼說，我很感動。這個女孩從初戀中學到了愛情的模樣，嘗到了愛情的酸甜苦辣，這就是人生。人生充滿了五味雜陳的經歷與體驗，學的是讓它更加豐富多彩。

為什麼我們總是愛上同一類人？

我想跟你分享一個關於愛情信念的故事，前段談話的意義也跟它有關。

我的一位同學，在大學戀愛時跟男友吵架，被男友打昏在校園裡。這起暴力事件對她產生了難以磨滅的影響，從此她變成了愛情浪女，奢侈地享受戀愛帶來的新鮮快感，卻不願為長期的伴侶關係買單。合則聚，不合則散，是她的愛情信念。她的心就是不願停泊。

在她的觀念裡，男人已經變成了一種不可靠、非理智的動物，他們不會真心地愛她、護她，對她好的時候，是一個樣，轉身後又另一個樣，甚至面目猙獰。真心的付出和寄託，只會換來遭遇背叛時無盡的掏空與絕望。

我想讓你明白，愛情信念有多麼重要。

不僅僅是愛情，我們幾乎對所有的事物都有著潛在信念，也稱基模（schema）。它包含了經驗，像電腦無法運行時，我們第一時間會按下重啟鍵；或稱意識，像我們在公共場合聽到古典音樂的時候，會更加表現得優雅；還有概念，像我們覺得玫瑰是愛情的象徵。當我們接受外界的刺激時，大腦會自動地去抓取基模來應對，日積月累地就形成了我們的信念。

我們從初戀開始，在一次次的戀愛中，刻畫著自己心中愛情的模樣，這就是愛情信念，即愛情、異性對於你，意味著什麼。比如有些女人對男人的評價就是「花心蘿蔔」，這只能說明，在她過往的經驗裡，所遇到的可能都是花心男。

但是，「世界上所有男人都是花心男」這個信念，是客觀可信的嗎？當我們感到情緒困惑時，特別是曾經被那一位花心男給消磨掉了太多信心時，經常不由自主會被一些「看起來」可信的想法給占據大腦，因此我們也可能會變得不理性、不現實，這在心理學上被稱為「思考謬誤和認知扭曲」（thinking errors & cognitive distortions）。

心理學家貝克（A. T. Beck）發現，情緒障礙者在知覺或訊息功能過程中，常常會出現幾種認知扭曲：

1 絕對的想法：對事件的看法是極端的二分法，事情不是對就是錯，東西不是黑就是白。

2 過度類推：根據一件無關的小事，就對整個事件甚至相似的事件下定論。

3 個人中心化：過度把責任推到自己身上，常常以為所有事情都與自己有關，自己對所有事情都應該負責。

4 斷章取義：只看事件負向的一面，而忽視正向的一面。

5誇大與低估：把一件不重要的事情看得比實際重要，而把重要的事情看成毫無意義可言。

6任意推論：對事件亂作推理，常常根據相反的事實，或毫無任何邏輯的支援，就對事件下結論。

被分手了，完全是一件壞事嗎？是因為你失敗的一敗塗地，什麼都不配得到嗎？都是你的問題嗎？這段戀情因此被定義為「壞的」、「慘的」的親密關係嗎？除了別人來愛你，你自己無法愛自己嗎？是因為某件事出錯，使得愛情消失的嗎？

傷心是我們心裡空盪盪的石壁傳來的疼，仔細問問這些問題，也許更能知道自己的潛在信念，而不是時時刻刻被山谷裡迴盪的傷心給完全覆蓋。

值得玩味的是，為什麼討厭花心男的女人，卻一而再、再而三地遇到多情種，重複這樣的橋段呢？正如我的一位女性個案，兩任丈夫都出軌了，問題到底出在誰身上？

你就是一切的源頭

請記得：「你就是一切的源頭。」

在愛情信念裡，當自己帶著已有的判斷看世界時，其實已戴上了有色眼鏡，世界自然也鍍上了你添加的色彩。你也會按照心中所想，努力求證自己的判斷，不斷地證實「男人就是花心」的結論，當然結果也會如你所願，這也是心理學中「自我實現的預言」。大為風行的「吸引力法則」，說的也是這個道理，你的想法會創造磁場，吸引同類事物。

愛情信念的威力深藏在我們的潛意識裡，影響著我們的際遇。你有怎樣的愛情信念，就會吸引到怎樣的人和事，你所相信的，定不辜負你。

因此，當那位十七歲的女孩向我哭訴時，我會引導她去建立健康的愛情信念，讓她學會用理解、接納的眼光看待失戀，把悲傷、怨恨的情緒釋放出來，往更高的層面昇華傷痛，並從當中得到收穫與成長。這直接影響到她未來對愛情的審美和判斷。

看到這裡，是否想起那個單純的你，曾用純澈的眼神，仰望著眼前的他，憧憬著美好的愛情？
親愛的，請深深相信，你一定會遇到適合的那個人，你值得擁有幸福，時到花開。

〔練愛語錄〕

堅持腳步，就會看見驚喜。

02 無須執著，盡情創造

多少次我們面對拒絕，總是心存念想：或許我能改變，他／她就能接受我了呢；他／她只是還不了解我，終有一天會回心轉意的……於是苦苦地把心掏出，熱切地捧到對方面前。我們絲毫不覺，自己的心已卑微成了塵泥。

烏雲要怎麼努力勾勒出幸福線？

二〇一三年奧斯卡的電影《派特的幸福劇本》熱播時，我的很多個案紛紛來信，跟我分享這部電影帶給他們的感觸，他們想起了許多往事，並在人生中、愛情中有了新的看見。

電影的男主角派特是一位超級樂觀的教師，他似乎總能看到人生的光明面，影片的原名「**Silver Linings Playbook**」就來自於他的口頭禪「**every cloud has a silver lining**」（每朵烏雲背後都有陽光）。派特因打傷妻子的情夫而被關進監獄，又因精神病被轉送到精神病院治療，出院後被法院禁止接觸妻子。

其實派特出院的最大動力就是想跟妻子復合，他深愛著她，但禁制令阻擋了他跟妻子見面。一次聚會中，他遇到了與他同為精神病患者的女子蒂凡妮。蒂凡妮的丈夫因求歡不成，為了討她歡心，在為她買性感內衣的途中發生車禍，傷重不治。蒂凡妮因為內疚而患上了性成癮症，必須通過大量的性關係來彌補內疚感。

蒂凡妮剛好認識派特的前妻。她對派特提出邀請，如果派特願意和她一起參加雙人舞蹈比賽，她就幫派特傳一封信給他的前妻。派特盼妻心切，於是答應了她。但隨著舞蹈練習的深入，派特漸漸發現了蒂凡妮的動人之處，蒂凡妮也發現了派特身上難以磨滅的樂觀精神。

最後，派特選擇放下過去，跟蒂凡妮告白，並祝福妻子可以展開新的婚姻關係。而他與蒂凡妮的生活，也終於撥開烏雲重見陽光。

在這部電影裡，派特本為追尋前妻，卻意外跟蒂凡妮擦出了火花。這種原本沉浸在對舊情的執著，卻在繼續生活中遇見真愛的例子，比比皆是。

面對愛情的相逢與別離，有個重要的八字箴言——「無須執著，盡情創造」。

在愛情關係裡，我們難免深深陷在「執著」裡。一種，是執著於「維持」，對方明明不愛了，我們還糾纏不休；另一種，則是執著於「放下」，分手後硬逼自己大聲地說著「我很好，我想通了」，其實是把自己困在了「放下」的囹圄裡。

這兩種執著，看起來是不同的行為，但其實心態都是一樣的，就是讓自己固著在這段關係裡了，就像掉進沼澤和流沙裡，你越掙扎，就會越往下陷。

執著之一：維持與重圓

我有一位女性個案，跟前男友相戀了三年，但其實相戀三個月後便發現了彼此的不合適。他們倆性格南轅北轍，男友注重個人獨立和隱私，女孩注重家庭關係和親密。除非他們兩人都願意為對方大刀闊斧地妥協，否則很難走到最後。

在兩人分分合合的關係中，為了找到解決辦法，她特意參加了很多心靈成長課程，並且不斷地調整自己去配合前男友，不斷地妥協，卻始終在分手和復合的漩渦裡打轉。後來她找到了我，我們一同經過了多次的談話時光。在前述電影上映時，她給我寄了一封信：

「安安老師，我今天去看電影，講一個男人在婚變後怎麼站起來。看完後我想了很多。記得過年的時候，我回到家鄉跟前男友碰面，那天我在他家聊天，上廁所時發現垃圾桶裡有保險套，我才知道，在我們沒有聯絡的日子裡，他有別的女人。那一直是我最介意和最害怕的事情。過去那只是一個假的恐懼，但我發現，恐懼變成了事實。

「我以為我會在當時徹底崩潰，失去一切控制，就像兩年前我第一次發現他出軌一樣。但我沒有，因為我知道我已經為這段關係做盡了一切，就像電影裡的男主角一樣，他要是不理解或不珍惜，我也沒辦法了。我希望我們各自都能走下去，他可以找到幸福，我也可以。

「過完年後，我就回到了工作的城市，沒太想這件事情。直到今天看到這部電影，我哭得跟豬頭一樣。當男主角因為失去而悲痛傷心時，我也跟著傷心，因為我知道，那有多難受。安安老師，我真的好激動，一年了，發生了好多好多困難的事情，可我知道會沒事的，也謝謝您在旁邊陪著我。我好像不那麼害怕回到家鄉了。

「我不用逃開他，也不用逃開這個地方。我知道我還可以自由地選擇，不用再害怕了，所以我要告訴你，我自由了。」

看了她的信，我非常感動。我回覆她：「妳變成熟了。妳做了妳能做的，為感情負責。至於妳前男友，他有他的人生，妳接受了這件事，就能往前走了，不然就在原地打轉。安安老師看到妳一路挺過來，真的很不容易。妳非常勇敢地面對了，縱使跌倒，還是願意起身再走。妳非常勇敢，等妳接受了，妳就會看到自由。自由的妳，真的很好！」

一切的受苦，是因為我們還在糾結抗拒。當你能全心接受當下的狀態，你的受苦就嘎然而止。

親愛的，請讓事情按照它本來的樣子，接受你現在的狀態，這樣的你才能繼續向前走，不在原地打轉。就像電影裡的派特一樣，在前行中發現真愛。嶄新的人生，不在遠方，而是當下的覺醒。

執著之二：放下和忘記

很多人分手後，都會跟自己較勁，要一下子把曾經的愛人的影子從腦海中抹去，卻發現越抹越清晰，他／她的身影變成了十面埋伏、無處不在。

Kelly Chen 有篇部落格文章《如果忘不了她，就繼續想念她》是這樣寫的：

「曾經我想用一年的時間忘掉一個人。我試著和別人約會，但是關鍵時刻才發現，那個人始終在我心裡，沉甸甸的。我可以和別人在一起，但心裡還是住著他，在心裡放著都有些潔癖了。我不喜歡這種感覺。與其這樣，那乾脆都不要新的開始比較好。

「經過一年的奮戰，我發現根本忘不掉他。我突然理解到，『忘記』這個動作，從一開始就是不對的。人的感情，不是瓦斯爐，說開就開，說關就關。今天分手，睡一覺醒來，明天早上還是喜歡那個人，這種感覺一點錯誤都沒有。所以分手後，叫一個人忘掉另一人，根本就是強人所難，違背自然法則。

「在我和男友A分手的半年內，我都可以說，他是這個世界上我最喜歡的人。半年後，我遇到了另一個我也很喜歡的B，但對B的喜歡還是沒有大於對A的，於是我同時喜歡著他們兩個。然而我還是獨身著。又過了一段時間，我或許遇到了C、D、E，但我最喜歡的還是A。再過一段時間，我遇到我非常喜歡的F了。這時候，我每天都在想著F，希望能多靠近他一點。終於有一天，我感覺我不再思念A了，那距離我和他分手是整整兩年後。

「或許，我是個癡情女，但我知道有的女人的忘記期比我還長。不需要勉強自己忘掉一個人，那樣反而會讓你記得更清楚。在這段忘記期裡，你仍有許多事情可做。我一直覺得，那些大聲宣稱自己已經走出來的人，其實並沒有走出來，他們只是害怕被嘲笑，被看待成傻子。然而人在真愛之中沒有不傻的，既然愛的時候那麼傻，又怎麼可能在分手後馬上變聰明？真正遺忘的人是連提起都忘了提起，說『我很好』的人都沒有真正遺忘過。」

很多感情受挫的男女，想走出原本的那段感情，他們不斷地跟自己說：「我要放下，我很好，我沒事，我能忘記他。」但其實這倒成了緊箍咒，越念叨就會越把你捆得緊。有人強顏歡笑，把傷心的感覺深深埋藏，口上說著積極向上的話，不甘示弱，這樣反而使悲傷的情緒得不到合理釋放。

唯有真實地面對自己的七情六欲，該傷心的傷心，該難過的難過，想哭泣就哭泣，想釋放就釋放，接納一個真實的自己，心結才能打開。「強逼」自己「淡忘」過去，就跟要「用力」讓自己「放鬆」一樣適得其反。

其實根本不必執著於「放不放下」，請記住一句話：「可以放下就放下，不能放下就放著。」放著也是放下的中途站，無需割裂回憶。過你平常過的生活，做你應當做的事，敞開自己的心，迎接你生命中所有的人事物，未曾想過的奇妙和恩典，就會在你身邊出現。

回憶中的痛苦漸漸沖淡，去蕪存菁的餘留感恩與喜悅。

放下，自然而然。

03 女神養成法

在古希臘的神話故事中，風格鮮明的女神永遠綻放著動人的華彩。不論是阿芙蘿黛蒂的美貌、雅典娜的智慧，還是阿爾忒彌斯的純潔、希拉的果敢……每位女神都是無與倫比的存在。

其實，每個人都是獨一無二的。當你終於開始珍惜自己的優點，亦欣賞別人的閃光，用心修得由內而外的自信與獨立……你會發現，成為女神，你也可以。

美女代言人的冰火兩重天

在平面或媒體廣告中，我們經常能看到女性的身影。這些女性中，絕大多數都有著天使面孔和魔鬼身材，以此與她們代言的產品產生某種微妙的聯繫，激發人們的購買欲。這樣真的奏效嗎？英國華威大學管理學院曾做過一個相關的實驗，研究的就是美女代言人對刺激消費者的作用機制。

研究人員首先找來臉孔美麗、身材火辣的美女，穿上比基尼為一款威士忌做代言人，登在雜誌上做廣告。然後，研究人員招募了一些女性消費者，把這些消費者分成A組和B組，分別給兩組看兩種不同的廣告排版，並記錄她們的購買欲望與品牌好感度。

A組被試者看到的廣告篇幅有兩頁，模特兒所占比例很大，旁邊放著威士忌；B組被試者看到的廣告篇幅被縮減了一半，只有一頁，威士忌酒的位置和大小不變，而模特兒所占版面明顯小了許多。此時，研究人員讓這些女性消費者回答是否願意購買這款威士忌，以及對這款威士忌的品牌好感度如何。最後得出了一個有趣的結果——A組的購買欲望比B組要低很多，對品牌的好感度也不如B組。也就是說，受試者更願意看到美女縮小比例後的廣告，而不希望整幅廣告都被美女代言人占據。

研究者當然也給出了解釋。在廣告中，如果模特兒占的篇幅過大，會對同性消費者構成一種心理上的威脅，覺得這個模特兒長得比我漂亮，身材又那麼火辣，進而引發個體的心理防衛機制。這種心理防衛機制會讓消費者對廣告上的模特兒產生排斥，對這款酒的好感度也就相應下降了。另一方面，當模特兒的篇幅縮減一半之後，其強度不足以引發心理防衛機制，反而作用在個體的心理比較機制，她們會覺得這個小小的模特兒比自己漂亮、可愛，這種比較心理引發了對美女代言人的崇拜，在這個時候，品牌在消費者心中的價值感也悄然提升了。

研究人員還測量了被試者自我價值和商品價值的變化情況，結果發現，當面對小幅模特兒的時候，她們的自我價值感降低，對酒的價值感上升；而當看到大幅模特兒的時候，她們的自我價值感上升，對酒的價值感降低。

所以，實驗最後得出的結論，給了廣告界一個啟示：如果要請代言人的話，模特兒的篇幅最好不要太大，不然就可能引發消費者的防衛機制，通過貶低品牌來保護自己；最好是把篇幅占得小一點，引發的是消費者的比較機制，品牌的價值感自然而然就提升了。

迎回本屬於你的美好

幾乎每個人都會不自主地和其他人進行各種各樣的比較。人就是有一種本能，如果不貶低自己，就要去貶低別人，很難將自己與他人放在同一條水平線上，內心總會有「看見你過得也不好，我就放心了」的小惡魔在蠢蠢欲動。結果就是：我們很難去真實地生活，真實地看待自己，彷彿面對現實會讓自己受到傷害。然而，這並不是一種健康的心態。人要活得幸福、快樂，首先是要活得自信、自在，讓內心強大起來。

我們大多數人從小就聽過《白雪公主》的童話，皇后做不了世界上最美麗的人時，想到的是殺掉那個最美麗的人。大家可能會覺得她很可怕，但其實人人心中隱藏著這樣一位皇后，嫉妒的戾氣有時候也難免會從腦海中一閃而過。

嫉妒的心理男女都有，女性的嫉妒情緒表現得比男性更為明顯。由於社會文化的因素，男性的自我價值感一向比較強。當男性發現身邊更為優秀的同伴時，自我價值感較少下降，而是會把對方的優秀當做可以去超越的目標而努力。

而女性自古以來被社會文化的規範壓抑得太久，自我價值相對沒那麼高。當女性發現身邊有更優秀的同伴時，透過社會比較，自我價值感就會跌的更低。在這個過程裡，心理上自發的防衛機制會保護僅存的自尊，嫉妒心理由此產生，甚至做出一些攻擊性的行為。

我們需要思考的是，如何看待他人和自己的價值：是用讚賞的、祝福的心態去看待對方的好呢？還是用嫉妒詆毀，但事實上是種可憐蟲心態呢？

當我們嫉妒別人，就是覺得我們不夠好或沒有對方好，這個時候，我們內在其實是很自卑浮躁的，很容易對對方抱有敵意的想法，甚至攻擊的行為，這樣的負能量會把我們跟對方越拉越遠。嫉妒事實上會抽乾我們的能量，讓我們的注意力分散到憤怒上去，而非如何改善自己。

想要轉化這股負面情緒，重要的關鍵就是：把嫉妒變成祝福和讚賞。當我們心懷「你真棒，我欣賞你，我希望你越來越好」的時候，這種與人和好的聯結會產生一種心理能量，不由自主地促使著你努力進步。在這個過程裡，是一種「贈人玫瑰，手有餘香」的奇妙聯結。

精神分析學家榮格（C. G. Jung）提出了集體潛意識一詞，指的是沉澱於人類心靈底層的、普遍共同的人類本能和經驗遺傳，也包括了文化歷史上的文明的沉澱。作為人類心理中具有傾向性、制約性的心靈規律，它們對人類的行為、理解和創造產生著重大影響。

人類的集體潛意識都是相通相連的，我們共用一個心靈。當我們用友善去看待他人的優秀之處時，你我就也逐步邁向對方的美好；每個人往天空中添一片雲彩，心靈由此壯大，終究會化為雨露，潤澤彼此的心靈。

祝福他人，就是祝福自己，我們開始迎回生命當中的美好。

當我們變成被嫉妒的一方的時候，我們應該怎麼辦呢？

人產生嫉妒，很多時候是出於：想要以「與他人比較」的心理來肯定自我的價值。所以重點不在於「對方嫉妒」這一行為，而在於對方自我價值感不夠，這一問題的關鍵就在於「恢復對方的自信心」。因此，當我們遭到別人的嫉妒時，我們可以真誠地說一句，你其實很棒，我還有許多需要向你學習的地方。簡單的幾句讚美，不僅是讓自己從被嫉妒的桎梏裡解放出來，也解除了對方的戒備。

你的鋒芒刺痛了別人，也許的確可以事不關己高高掛起，但是也許我們也可以多做一點，盡量多提到和表揚對方的優點，透過這一直接的比較，讓對方獲得自我滿足感。

女神是如何養成的？

有一位女士，在我眼中，她是一位自信、優雅、氣質與才情兼具的獨立女性。她認為女人要懂得投資自己，內外皆美。外表要賞心悅目，把自己打扮得乾淨、時尚、精緻；內在有氣質涵養，懂得給自己充電，不斷地進步，不斷地完善自己。她說，若是連自己都不愛自己，那麼還會有誰來愛妳？投資自己，妳就會收穫一個真實、快樂、有價值的自己。當妳處在最好的狀態的時候，自然會有最好的男人來愛妳。

除了美麗與學識，她還提及了兩種必備的人格特質：一是，女性一定要獨立。要有自己的人生觀、價值觀，有上進心，堅持自己的理想。同時，要學會做個寬容的女人。要學會看穿，但不說穿。該明白的時候明白，該裝傻的時候大智若愚，在不違背原則的情況下要寬容，盡可能地去助人。

還有一位女神典範，就是林志玲。一個乖巧認真的女孩，在一夜之間被冠以「第一名模」的光環，舉手投足間自然流露出的甜美和優雅，都讓人為之傾倒；而直到現在，這份優雅也絲毫沒有被磨損，反而隨著年齡的增長，變得更加綿延和醇厚。她有著相當有智慧的見解：

「這些年來，我不變的部分，就是我自己最原本的個性。因為我知道，這一切，有一天很可能離我而去，如果我今天因為自己的光彩度而改變了價值觀、改變了我對他人的態度，到最後，我自己會是最受傷的一個。要保持著原本最真實的核心，最真實的自己，最單純的一個心境。」

直到今天，雖然她已經走在星光大道的紅毯上，但是我們仍然能看到的，是鄰家那個在路上嗅著一支白薔薇的女孩。

女神典範如斯，她們向世人示現的華麗精采，都歸功於轉身後的潛心修煉。當你把眼光更多地放到改變自己身上，而不願再花費精力和別人比較時，你的自信就建立起來了，這就是一種真正的強大。

人和人之間並不一定要分孰優孰劣，更棒的是一種雙贏的姿態。只要妳對身邊的人抱有一顆寬容包容的心，用欣賞的眼光看待身邊的人和事，那麼不管是好是壞，妳都會樂於接受，反思學習，更進一步。

天天向上，女神，近在咫尺。

04 擺脫小三魔咒，收穫完整愛情

錯位的愛情，就像是被關在潘朵拉盒子裡的祕密，不能見光，無法分享，甜蜜中夾雜著苦澀。

我相信，每一個女生都值得擁有完整的愛情，只要妳足夠愛自己，疼惜自己，幸福就在轉角。

「小三」的性別屬性

曾看過一個非常有趣的研究，說：「朋友妻不可戲」這句話，其實是有依據的。相較於女性，男性對於自己朋友的另一半，是較不會產生越軌想法的。換句話說，男性通常不會主動去插足他人的婚姻做「小王」，這是為什麼呢？

演化心理學家是這麼解釋的。在遠古時代，村落裡的男性要負擔起保證村落安全的任務，還要外出打獵，保障整個村落的可持續發展，所以，男性夥伴之間的信任就很重要了。為了要生存下去，不破壞這種相互信任的平衡局面，這些男性就會形成一種心靈的契約，就是不去招惹彼此的妻子，避免發生內訌。

演化的基因流傳下來，所以時至今日，男性破壞他人家庭的情況相對地比較鮮見。而相反地，女性做「小三」的新聞卻層出不窮。她們的故事，或許不足為外人道，卻一定關乎心理。因為在這個世界上，沒有無來由的結果，每一段錯位的愛情，都能從當事者的內心找尋答案。

F的「小三」魔咒

我曾經接觸過一位個案F，在很多人眼裡，她是一位極具魅力的女性，氣質容貌出眾，事業也做得風生水起。這樣一位兼具美麗與智慧的女性，卻告訴我，她已經有七年時間沒有正常談戀愛了。因為在這七年中，她交往的對象都是有婦之夫，中間換了又換，就是沒辦法擺脫做「小三」的魔咒，無法進行一段可以走在陽光下的戀情。

F告訴我，做「小三」的日子她並不快樂，相反地，她感到很痛苦。在漫漫長夜中一個人守著寂寞，癡癡等待，在最需要擁抱與安慰的時刻，一次次地被匆匆拋下，看著心愛的男人去到其他女人身邊。七年的時光中，她的委屈無人能訴，她的真心無處交付。

聽完她的講述，我輕輕問道：「妳有沒有好好想過，自己為何會甘願反反覆覆地做小三，為什麼會形成這樣的行為模式？」F想了想，她淡淡地說：「或許是因為太寂寞了吧！」

這顯然不是真正的答案，我追問道：「那在七年之前，妳的戀愛經歷是怎樣的呢？」也許是觸碰到她的痛處了，她沉默了好一會兒，才將往事娓娓道來。

她說，在七年前，她也曾有過一段刻骨銘心的愛情，那是她一生中最愛的男人。他們交往了三、四年的時光，已經到了談婚論嫁的地步。然而，就在她憧憬著身披婚紗的幸福時刻時，一個女人闖入了她的生活，把一切的美好轟然打碎。那個女人面向她跪了下來，哭泣著說，她懷了F男友的孩子，未出生的孩子需要一個父親，求F把男友讓給她。

那一刻，F感到自己徹底輸了。一方面是，男友的背叛讓她的愛情無法再回到美好的從前；另一方面，那女人看起來非常可憐，F自己有優秀的學歷和事業，離開男友還有獨立生活的能力，但單憑這個女人一己之力，可能很難養活孩子。最後，她心軟了，選擇了放手，雖然心痛，卻也無能為力。

就在她選擇離開後不久，那女人就和她的前男友結了婚，但一個偶然聽到的消息卻將她再次擊潰——那女人原來並沒有懷孕，而是用苦肉計騙了她！這對她而言不亞於晴天霹靂，但木已成舟，一切都已太晚。

在這件事發生之後，F就像著了魔一般，開始不斷地和有婦之夫在一起，不斷地進行著曾經為自己所恥的不倫之戀。從對「小三」的深惡痛絕到親身演繹，F感到無比痛苦和委屈，但結束上一段感情後，下一段卻還是忍不住要找類似的人。她想不通自己為什麼會沉溺在「小三」的魔咒中無法自拔。

聽到這裡，似乎已經找到了問題的癥結所在。在F的經歷中，她曾經正正當當地戀愛，並沒有做錯什麼，最後卻成了悲慘的受害者，被人趁虛而入奪走所愛。而那個騙走她愛情的女人，反而組建家庭，幸福地生活著，享有著原本屬於她的美好。這段傷心的往事，在她潛意識中形成了一個荒謬的信念——小三甚至可以比原配更幸福！

在隱藏的信念驅使下，F的行為模式開始傾向於通過做「小三」獲得幸福與滿足，自己完全不自知，好像不受控制一樣，陷入了「小三」的魔咒。

擺脫「小三」魔咒，從愛自己開始

在心理諮詢中的「小三」女性來訪者，當我問及她們的童年生活與家庭狀況時，回答常有類似的過往經驗——父親出軌，自己和母親相依為命……這些女性目睹了父母婚姻的悲劇，無法擁有美滿家庭的天倫之樂，留在心底的缺憾，本應讓她們更加努力地去追求屬於自己的完整幸福，最終卻促使她們成為了奪走自己幸福的那一類人。這樣的結果，皆因潛意識作祟。

在她們的潛意識中，父親跟隨「小三」絕塵而去的畫面一遍遍回放，那個破壞她們家庭的第三者卻擁有了她們夢寐以求的幸福。於是，當她們開始戀愛，這樣的潛意識會指引她們，從插足她人家庭的不倫之戀中找尋滿足和快樂，幻想著像曾經的「小三」一樣得到幸福。這樣的信念，造成了一段段錯位的感情。當她們如夢方醒，卻是覆水難收。

那麼從科學角度來看，「小三」到底能不能獲得真正的、穩穩的幸福呢？

對於第三者關係，至今雖然有不少研究已經描述過人們尋求第三者的動機和意識，但是，大多數關於此議題的科學研究，都是演化心理學家做的，未免帶有文化偏見和環境因素的影響。於是社會心理學家福斯特（J. Foster）從另一個切面著手研究：當第三者關係與其他類型的關係相比時，是否會呈現某些趨勢？

研究者跟蹤記錄了一百三十八個異性戀志願者的情感生活，實驗參與者的戀愛期從零到三十六個月不等。研究結果與預期一致：在由「第三者插足」形成的關係中，「承諾更少，滿意度更低，投資更少」。對於已經成為的「第三者」來說，他們在找「備胎」這件事上，會顯得更積極，並認為他們的備胎品質更高，在關係中不忠的比率也更高。而比較悲慘的是，他們辛辛苦苦插足追到的人，在浪漫關係中給出更少的承諾，表現出更低的滿意度且給出更少的投資。這種雙向悲劇是理所當然的，包括被插足而被追到的人，畢竟，如果他們願意拋棄之前的伴侶，為什麼他們不願意、甚至喜歡再做一次同樣的事呢？這種邏輯在涉及到二百一十九名異性戀志願者的另一項調查中被證實了。

強扭的瓜不甜，強求的緣不圓。你成熟了，長大了，為何還讓自己的內在停留在那個被拋棄的小女孩呢？就算你有能力跟別人去爭情奪愛，何不省下那處心積慮的辛苦，去種一朵屬於自己的玫瑰？

當人們活在過往中，那些看似負面的故事掩蓋了真心，障礙了人們領受美好和享受生活的能力。人們對這些故事的認同代替了真愛，促使人們向外去索求，越要越空虛，越討越寂寞。

「小三」得到的幸福總是短暫，用掠奪、背叛換來的愛情，會讓你背負著愧疚感與空虛感，這樣的交換一點都不值得。

每一個生命都是獨特而美麗的，每一位女性都值得擁有完整而幸福的愛情，必須掌握一個祕訣，這個祕訣就是：你要打心底地去愛自己，疼惜自己，尊重自己。

你有能力改變過去，契機就在於真心的相信，自己值得擁有幸福。去感受你內在的大愛，它會消融你自以為是的脆弱和孤單。你要真心地告訴自己，美好如你，在生命中一定會遇到一個欣賞你、愛護你的男人，收穫一份完完整整的、全心全意的愛，你絕對有這樣的能力和運氣。

當F開始珍視自己，相信自己值得擁有百分百的幸福後，「小三」的魔咒不過是袖子上的一顆塵埃，此後，她大步而光明地走在自己的人生道路上。

你問我F後來的故事呀？在一年之後，F小姐認識了她現在的丈夫，他們步入了婚姻殿堂，如今都有兩個兒子了。這便是F終於做回女主角的故事，和她臉上幸福的微笑一樣隱祕。

自覺是改變的第一步。當你願意相信自己，好好地愛自己，看重自己，「小三」情結就不再存在你的生命中。因為你知道，你值得愛與被愛，百分之百。

05 為何才子偏得不到佳人？

在古今中外的愛情故事裡，風度翩翩、才華洋溢的男子深得眾多佳人芳心，最後他弱水三千只取一瓢，傾情一生。這麼理直氣壯的橋段，在一些條件足夠優秀、只待佳人歸的男性身上，卻未能實現應驗。

幽默浪漫多金，卻空窗多年

C先生是留學國外知名大學的博士，領著令人豔羨的高薪，社會地位相當突出，言談舉止之間散發著成熟的魅力，有著成功男人應有的一切。惟獨，伴侶欠奉。

C先生非常迷人。他不僅學歷高、成就高，還很浪漫幽默。跟他約會的女生，時而被逗得捧腹大笑，時而被感動得一塌糊塗。他做的那些貼心小事，寫的浪漫小詩，給的柔情溫暖，相信任何一個女生都難以抗拒。這聽起來他更沒有理由交不到女友了。

前陣子，C先生認識了一位異地女孩。他們通過電話和網路聯繫，這樣持續一個月後，彼此都有好感，便相約見面，還一起度過了一週的甜蜜假期。至此之後，他們週末都會相見，要嘛他飛到女孩的城市，要嘛女孩飛到他的城市，距離不是問題。

但這樣的甜蜜也只維持了一個月。有一天女孩突然跟他說，我們不合適，就不要再交往了。在此之前，C先生曾有另一個戀愛對象，對方也是跟他交往一個月後就說彼此性格不合。他追問哪裡不合，對方又找了別的理由搪塞。C先生很疑惑，問題到底出在哪裡？他和朋友百思不得其解，唯有歸咎於自己的身高和相貌不夠突出。

我不認同他們歸咎的原因。第一，C先生雖不是玉樹臨風的花美男，但他的身高和相貌尚屬中等；第二，外表並不會隨著交往的深入而改變，戀情能夠開始已經說明了外表不是問題；第三，若因外表而停止交往，這還真不像是一般女性的作風。為了找出真正的原因，我們進行了約會對話的模擬。

「約會」一開始的氣氛是非常愉快的，但隨著交談的深入，一股壓力蘊釀在他的言辭之中，應該就是這樣的壓力，陸續終結了萌芽的戀情。他跟約會對象的談話，不時的提到金錢觀念，比如錢的管控，以及描述自己是多麼地節儉。

C先生嚴格地控制每月的花費盡量只占薪水的百分之五，其餘的錢都要儲蓄起來。他還提出了很多規範，比如另一半應勤儉持家，開源節流，對於家庭財務，他也自有一套撙節計畫。

跟C先生說：「節儉雖是美德，但也要有個程度。過猶不及，都會讓人感到壓力。當你提出金錢的想法和做法時，交往對象會想：我原本的日子也是不錯的吧，但現在看來，開銷用度，你都已經規畫好了，若與你共組家庭，可能我就得適應縮衣節食的生活。」

為什麼女人會在意這件事呢？其實有個演化心理學的原因。

在遠古時代，為了能夠最大程度地保證繁殖成功的概率，兩性就有了不同的擇偶策略。男人負責捕獵養家，為了自己的基因傳遞下去，男人們挑選伴侶時注重外表，因為健美的外表意味著女人能更好地孕育下一代。

而在遠古時代，女人的天職是生兒育女，她們在懷孕和哺育期無法自己覓食，所以希望男人能提供充足的資源，給予她們和孩子良好的照顧。

到了現代社會，這樣的情況發生了變化。戴維．巴斯（David M. Buaa）在全世界三十七個國家和地區進行了擇偶偏好的跨文化調查，普遍性的結果顯示，男性與女性在選擇配偶時，認為最重要的前九項因素是相同的，依次是：愛情，可靠，情緒穩定和成熟，修養，健康，聰穎，友善，愛家，整潔。而從排名第十的因素開始，才顯示出兩性擇偶偏好的差異：男性比女性更在乎對方的長相和外表，而女性比男性更在乎對方的經濟和前景。

我跟C先生說：「對於女人而言，男人的外表只要乾淨整潔就已經過關了。所以問題不在於你的身高和面孔，而在於你是否讓人感覺值得依靠。雖然你的經濟條件很好，但你透露出的訊息是：對方將無法得到好的照顧。她可能會擔憂：如果我們結婚，我的生活是不是會比以前差很多？因為按照你的方法，什麼都要很節省。其實對方反而覺得這樣不可靠，自然而然就會想要與你分開了。而當你問她為什麼分手的時候，她當然也會不好意思坦言：你太節儉了。勤儉持家是美德，她不想因而被冠上拜金之名。」

女人都希望跟一個能照顧自己和孩子的男人過日子，而不想跟對方組建了家庭後，反而降低了自己原來的生活品質。所以，男性評估自己的時候，要從女性的角度出發，才能找到真正的答案。

我有位女性朋友，她出國深造回來後，還是嫁給了在國內等她的男友。她說，一個女人在疲憊的時候，只想有一個可靠的肩膀，一雙溫暖的手。以前她熬夜唸書時，男友每天晚上都給她泡一杯熱牛奶。就是那杯熱牛奶，讓她一直把男友繫在心上。

能幹的女人是貝類動物，堅固的外殼下是柔軟脆弱的心；從殼裡退出來時，就想得到男人的保護和照顧。現在很多職場上的女強人，跟先生抱怨工作多麼地忙與累。其實先生不需要告訴她應該怎麼處理，他只需要跟她說：老婆，妳辛苦了，我心疼妳，想休息就回家吧，我會照顧你。有了關愛的灌溉和疼惜的滋潤，通常老婆第二天又電力十足、能量滿滿地去上班了。

家是女人的港灣，因為有愛她、護她的男人。無論多疲憊，回家都有他為她遮風擋雨。他溫暖的臂彎，給了她前進的力量。

處女情結，「結」的其實是……

女孩的手上攥著一張單程票，在月台上忐忑地登上這班列車。這一次出行，去了，就永不可能回頭。關於女人的貞操，少女們有無限遐想。它不僅是一張單程票，更是一張繫在女兒身、印在男兒心的一道關卡。貞操，會引起男人怎樣的想像？

朦朧的西餐廳，燭光搖曳，蕭邦的鋼琴曲若隱若現地傳來，配上紅酒，讓人傾醉。K的手心冒著汗，額上汗珠也在微滲。他彆扭地坐在那裡，不時摸摸手紙或者高雅的桌布邊緣，又不時雙手交會在胸前，一隻手揉著另一隻手的內側。他講話的聲音似乎也在微微顫抖，整個人看起來躁動不安。

他畢業於國外知名大學，回國後從事著一份體面的工作，事業風生水起，身邊亦不乏年輕的女性仰慕者。

K告訴我，兩個月前，他遇到一個很不錯的女孩，彼此有意，於是開始交往。但是慢慢深入瞭解後，他知道了女孩的情史。女孩以往有過兩個交往時間四、五年的男友。當他聽到這件事後，就開始對女孩漸漸疏遠，最後戀情也無疾而終。

三年前K有一個論及婚嫁的女友，可是就在準備結婚之時，女孩坦誠地告訴他，她曾經懷過前男友的孩子，後來把孩子拿掉了。他知道後，對這事情無法接受，於是只好忍痛分手。K說，想到最近短暫戀情的女友經歷了兩個不同的男人，即使她沒有像論及婚嫁的前女友那樣墮過胎，他也覺得她已經不純潔了。

一般人聽到處女情結，第一反應都會說：現在都什麼社會了，怎麼還有這種八股的觀念存在？處女情結，通常都發生在思想觀念傳統保守的男性身上。K接受先進教育，也被國外開放的文化薰陶了好幾年，照理說，處女情結怎麼樣也應該跟他扯不上邊。他內心怎麼會有這種匪夷所思的概念存在呢？

這也許要回溯到他年輕時的一段往事了。

K是我的學長，在他畢業那年，發生了一件可怕的事情。我們有位學姐失蹤了，直到事隔幾個月後才被找到。警方調查後發現，學姐是被先奸後殺的。這位可憐的學姐，正是K的初戀女友。

那時的K因此患上了嚴重的憂鬱症。他告訴我，在他的內心深處，一直都有很深的內疚。他很自責，怪自己為什麼沒有好好保護女友，讓這個完美無瑕的天使被歹徒玷污了。

他的內疚與自責，每日每夜地折磨著他，讓他跌入了萬丈深淵。K花了很長的時間治療自己，才逐漸從這起事件中平復。

我想，就是因為經歷了這些創傷，所以他對女人的貞操有著非常複雜的情感。他想找回他心目中的那個清純的天使。在此後的戀情裡，他一直都在尋找這樣的影子，一直在尋找像他初戀女友般玉潔冰清的女孩，若是有任何事讓他產生不潔的聯想，他就會在心裡產生厭惡和排斥。

他所謂的處女情結，是源於過去的悲慘經歷，以致潛意識想通過這種方法去彌補那段失落的愛情。但時代改變了，人心開明了，這時想尋找一個處女女友，似乎不太切合實際。

其實，無論K願不願意放下過去，他都必須先明白一件事，那就是：他對初戀女友的事件沒有責任。悲劇已經發生了，但責任不在於他，而在於那個歹徒。他承受了自己本不該承受的痛苦，卻又找不到出路，以致把自己困死在胡同僵局裡。

生命中出現的無解習題，為的是讓我們學習接納與放下。初戀女友的事件已經過去了，但她對於他來說，還沒有離世，所以他這十幾年來，一直都在重複尋找她的影子，一個純潔無瑕、守身如玉的倩女幽魂。

他必須要承認一點，那就是：她已經走了，她永遠地離開他的生命了。

雁過無痕，水過無紋，那些快樂與傷痛，都是我們生命中的一部分，是走過的風景。每個人都有自己的命數，沒有人能替另一個人的生命負責。你我皆然。

你可能喟嘆，受困於回憶的牢籠，忘不了，喚不回；放不下，帶不走。但是，親愛的，請看的清晰些：禁錮你的不是過去，而是當下；綑綁你的不是別人，而是你自己。

生命線印在手掌心，揮手告別，合掌祝願，幸福的鑰匙就在手裡。將愧疚昇華為慈悲與祝福，願逝者安息，生者前行，敞開心去創造生命中一切的可能性。

春花芳馥，夏花燦爛；瓶中的百合謝了，換成玫瑰，也自有它獨特的美麗。讓重生的愛情，活出自己的精采。

至於百合，她化成春泥，後會有期。

Ch2 當愛不再浪漫……

06 人生有些責任，你真的不必背負

「愛」這個字眼通常意味著美好與幸福，兩個人欣欣然感受著彼此的心意，沉浸在對方給予的溫暖裡。但有的時候，愛卻成了武器，在刺痛別人的同時，也傷了自己。

當那些以愛之名的依賴，漸漸成為另一半的枷鎖，我們無處安放的心，該何去何從？

令人崩潰的依附關係

他來找我的時候，神情憔悴，夜不能寐；因為壓力而暴食，體重從七十公斤一路飆升到九十公斤。他的女友，兩年前開始交往的女子，兩年後變成了他的夢魘。

女友的情緒很不穩定，時而暴怒時而低落，並且控制欲極強。他工作，得選她喜歡的；他搬家，得挑她樂意的；他的朋友，就不要來往了。只要他不照做，她就會一哭二鬧三上吊，吵個雞犬不寧，他只好妥協。

這樣折騰一年後，他終於忍受不住了，這種壓力已經大大超出了他的忍受範圍，於是他提出分手。但是女友以死相逼，如果分手她就去跳樓或者割腕，他只得把這件事就此打住。直到飽受壓碾的意志瀕臨瓦解，他來找了我。

我問他一個問題：「你愛她嗎？」

他說：「我不愛她。」

我問他：「那這樣的話，你覺得是出於什麼原因繼續和她在一起呢？」

他開始激動，顫抖著身體哭了出來。「都是我的錯！她說如果你要分手，我就自殺給你看，這一切都是你造成的，都是你害我去自殺的，是你讓我變成這樣子的。當初追我的人是你，所以你有這個義務，也有這個責任，讓我幸福快樂。如果今天我不快樂，你就要負起這個責任！」

我繼續問他：「你是這樣覺得的嗎？」

他說：「我覺得是的，這都是我的錯！我會覺得這是我的責任，真的是我得負責。我也很內疚，當初為什麼不了解她多一點再追求她。她說她已經把她的青春奉獻給我了，我要負起這個責任。但是我很痛苦，因為我一點也不愛她。」他的表情因痛苦而扭曲。

「而且她的情緒化已經對我造成了很大的傷害，我覺得我已經快要到崩潰邊緣了。」

從他所敘述的特徵，推測他的女友也許受困於邊緣性人格帶來的焦慮痛苦。如此害怕寂寞，透露著嬰幼兒期可能未受到足夠照料。

根據客體關係理論，嬰兒從六個月到三歲左右，需要撫育者全力照顧，否則孩子長大後會因分離焦慮，對環境和他人產生懷疑的不信任心理，導致情感出現脆弱、敏感、情緒失控等特質。

尤其長大後與人建立情感連結後，會產生依附關係，一旦形成依附，在補償嬰兒期末被全力照顧的心理下，會自然將伴侶投射為該擔負起補償照顧責任的父母。因此當伴侶出現象徵割裂情感的舉動時，邊緣性人格者再次感受被冷落或遺棄，會變得怒不可遏，甚至可能憤而以自殘、輕生或傷人的行為來挽回感情。這樣週而復始的緊張關係，往往讓伴侶無法忍受，而想要分手。

在結束關係的過程中，最好能夠邀請彼此信任、且溫和理性的親友，出面協調分手事宜，如對方因而情緒失控，切勿在情緒高張時刺激對方，以時間換取空間的冷處理來讓事件逐漸降溫。隨著時間過去，讓自己慢慢淡出對方的生活，是較為適當的處理方式，像戒掉成癮習慣一樣，失戀也是可以逐漸戒除心痛的。

Rutgers 大學的關係科學家費雪（H. E. Fisher）博士做了一個相關的研究，她使用功能性磁振造影（fMRI），記錄十五名介於大學年紀、最近兩個月內分手、和交往對象關係平均在兩年以上的異性戀男性和女性的腦部活動。在這些研究對象看他們前任戀人的照片時，進行腦部掃描，之後，讓他們看一些偶然相識的、和前任對象同性別與同年紀「中性」友人的影象，作為對照。

研究者發現，看著前任戀人的照片，會刺激研究對象腦中的許多關鍵區域，整個路徑被活化，就像尼古丁或酒精成癮一樣，這些區域和生理疼痛與決策有關，看「中性」友人相片時則不會。

研究結果顯示，失戀的過程就像是一種成癮的戒斷，失戀者會處於疼痛、渴望對方、試著釐清發生什麼事。對於拋棄他們的人抱有復合的幻想，是很普遍的，並且渴望的感覺可能在失戀者認為已經克服它之後，還持續達數月之久。雖然這會花上一段時間，但是隨著時間的推移，腦中與此有關的區域的活動越來越少。

當愛已經成了傷人至深的東西，兩個人都因為它而腐爛腫脹、苦不堪言，親密關係再也寸步難行，就不必再強行捂著這潰爛的傷口了，就讓時間這味良藥來覆蓋它吧。

健康的愛是H不是A

真正的愛是什麼？

我們可以用兩個英文字母來比喻愛情關係。健康的愛情，是字母H——兩邊站直，中間相連。也就是說，相愛的兩人，在各自的位置上，都能獨立生活得很好。他們彼此分享，互相鼓勵，相處愉悅，這就是健康的愛情關係。

但是很多人誤會了，以為愛情關係是字母A——兩端相觸，看似牢靠的三角形，實際上只要其中一角倒下，另一角也難以自立，這是不健康的愛情關係。

在健康的愛情裡，兩個人是獨立雙贏的，他們不是融合成一個人去看世界，而是兩個人共同欣賞這個世界。沒有犧牲，也不存在愧疚，有的是互相扶持，彼此成就。而不健康的愛情，一方往往過分付出，不惜掏空自己，燃燒殆盡，再苦再累甚至耗盡最後一點能量也沒關係，只為成全討好對方對自己的「需要」。這不是真愛，也毫無意義，只是近乎病態的依戀。

許多女性在婚後辭掉工作，專心在家當個全職太太，在經濟上與心理上依賴先生，慢慢地兩人關係從H變成了A。

我在當中看到有些女性，當她發現先生不忠，隱忍吞聲，在這種A字形的關係中委曲求全；或者先生最終離開了，她因頓失所依而產生憂鬱；另一種結果是，她明白自己得從A字形的關係獨立成H字形。看著她們從依賴到獨立的艱辛，努力地重新站起來，浴火鳳凰，蛻變重生，成為一個自給自足、自主自愛的女人。

我們無需經歷這段辛苦的歷程，只要提醒自己，要在愛情關係中維持獨立健康的狀態。在一起，開心；分開時，安心。

「你好我也好」的雙贏關係

每個人都要為自己的生命負責，你和他／她都是。如果捫心自問已經做了該做的事，而對方仍然選擇自我傷害，甚至結束生命，那也不是你的責任，因為沒有一個人可以擔負另一個人的生命。

那我們怎樣能擁有一份優質健康的愛呢？

「放下期待，盡情創造。」

在兩個人的關係裡，我們常常對彼此有諸多期待。你應該怎樣或不該怎樣，你為什麼不這樣或為什麼要那樣，我們給彼此套上了諸多條框要求。但是別忘了，「期待」是單向的，是沒有經過與對方討論並得到允許的一種強加，是不公平的條款。

當我們背離自己，去討好對方，我們的內心會空盪盪的失去力氣；當能量耗竭到極點，我們就想退縮逃離，甚至斷開彼此的關係。同樣，當我們將自己的期待賦予了對方，對方卻讓它一次次地落空，我們也會失望空虛，繼而產生更強的渴求，拾掇更多的失落，然後愛情在無盡的埋怨中走到盡頭。

健康的愛，是兩個人一起，探尋一種「你好我也好」的方式，逐漸形成彼此合適的相處模式。請記得，不因害怕去逼迫自己討好，不因渴求去逼迫對方照辦，健康的愛是在你們之間建構出一個正能量場，難關共度，喜悅共享。

相愛，也要愛自己

前陣子參加朋友的婚禮，受邀在婚禮上致辭。我說，中國人喜歡用「魚水之歡」來比喻親密的夫妻關係，魚兒在水裡樂得融洽自在，但是魚離了水就活不下去。其實這是不健康的。

真正健康的兩人關係，就像這宴席上的珍餚佳釀，你們倆一個是紅酒，一個是牛排。紅酒單獨喝時精緻香醇，牛排單獨吃時也嫩滑美味，然後它倆搭配，牛排因紅酒的襯托而更加鮮美，紅酒也因牛排的搭配更顯柔和。紅酒中的單寧融合牛排中的油脂，這種「化學反應」讓人口腔產生豐富的愉悅感。所以它們原本各自已有九十分，搭配起來就是一百分了。

除了彼此相愛，還有一件非常重要的事情，就是別忘了「愛自己」。愛自己，不是自私，而是在滿足中的貢獻。對自己的愛與接納，由自己的內在向外投射到與對方的關係上。那是一種高品質、有力量，並且源源不絕的愛。

我們要學習愛的智慧，愛己如愛人，愛人如愛己，這是在愛中合一的兩性相處之道。它比犧牲成全，更加豐盈有質。它是兩個人牽手的邁進，是彼此的扶持。

〔練愛語錄〕

生命是擁有和放下交替的過程，
當認知到沒有什麼是你的，
你的格局就裝得了天下。

07 原來，人生的意義只會讓你不快樂

幸福是什麼？它究竟和什麼因素有關？這彷彿是很多人窮盡一生都在追尋的謎題。能夠讓我們感覺到幸福的，是財富，是名譽，亦或是偉大的人生意義？

或許都不是。更可能，答案簡單到你無法相信……

荷蘭鹿特丹的伊拉斯姆斯大學建立了一個世界幸福資料庫，研究人類怎樣令自己變得更快樂。他們邀請了很多受試者，收集他們的生活習慣、思考方式和一些關鍵問題的回答，然後把這些答案跟受試者現在的快樂程度相聯繫，結果有了一些很有趣的發現。

發現一：目標跟幸福指數負相關

我們一般認為，人要設定目標，才能享受到幸福，但這個研究的發現剛好相反。受試者提到「目標」的次數，跟他們幸福的指數呈現出輕微負相關的關係。也就是說，提到「目標」的次數越多，他們反而離幸福越遠。

為什麼更清楚自己的目標，反而更不幸福了呢？研究者給出了一套解釋：那些很有目標的人，通常都認為自己現在不幸福，所以才想要通過達到目標來扭轉人生。他們總是把焦點放在遠方的目標上，卻忽略了身邊的風景。就像台語的一個俗諺「吃碗內看碗外」，眼睛總盯著別人碗裡的食物，總覺得別人碗裡的才是最好的，其實自己有很好的食物，卻沒有用心享受。

當一個人在做事時，更看重事情的結果，而不在乎過程，這種性格在心理學上稱為結果導向。比如賺錢買房，幸福感全押到房子上，卻忽略了日常生活的樂趣。反之，過程導向就是做事注重過程，結果並不那麼重要。比如很多優秀的運動員，在比賽時並未想著輸贏，而是投入當下全然展現。

研究發現，結果導向的人，個人表現、工作成就方面，會比過程導向的人更強，因為他們重視結果和輸贏。但他們的快樂程度遠低於過程導向的人，因為過程導向的人做事本身就是一種享受，他們不是在壓抑自己的痛苦而去取得某個結果，而是享受從頭到尾的每個當下，所以他們身心自然較為健康。

發現二：人生的意義跟幸福無關

這是幸福資料庫顯示的另一個有趣發現，它跟東方哲學的思想非常相近，而這幾十年來，東方哲學思想進入了西方的心理學界，也扭轉了很多西方心理學的概念。

中國古代哲學家老子宣導「無為」。當我們沒有功利心追求某個事物時，我們的人生才真正地開闊了。道可道，非常道。什麼是道呢？大音希聲，大道無形。無形無聲，聽不到，看不到，觸不到，卻是一切的起源。

西方的存在主義說：「其實人生是沒有意義的。」當你領悟這點的時候，你就不會再被那些所謂的意義所束縛了，反而更能看清事物的本質。「I am nothing, so I can be everything.」享受活在當下的快樂，創造更多的精采與可能。

以前台灣有一位得道高僧，他圓寂時留下一句遺言，非常有意思。「無來無去也無事」，這是他窮其一生的參悟。人本來赤裸地來到世上，走時也不能帶走一物，不過黃粱一夢般地走了一遭。來於自然，化於自然，沒有來也沒有去，自然界的元素總在守恆。

最有趣的發現：幸福源自內心

陶淵明有首詩說：「結廬在人境，而無車馬喧。問君何能爾，心遠地自偏。」縱使你身居鬧市，周遭繁雜，但只要你心是安靜的，你就能感受到安寧，如同隱居偏遠深山。這個是所謂「境隨心轉」的層次。

根據幸福資料庫的發現，其實跟幸福相關性最強的，是有一個幸福的心境。

統計指出，我們不必依靠腰纏萬貫、美若天仙等等外在的條件，就能讓自己變得幸福。幸福會改變，這些改變不盡然是你生活的環境變得更好，而是你看待人生的方式有所改進。

有很多人開口閉口就是抱怨，當我聽完這些抱怨，我問他們，既然事情像你講的那麼糟糕、無法改變，那唯一能改變的就是你自己了。那你能改變自己什麼呢？

在倫敦的西敏寺地下室的墓碑林中，有一塊名揚世界的墓碑，刻著這樣的一段話：

我的想像力從沒有受到過限制，我夢想改變這個世界。

當我成熟以後，我發現我不能改變這個世界，我將目光縮短了些，決定只改變我的國家。

當我進入暮年後，我發現我不能改變我的國家，我的最後願望僅僅是改變一下我的家庭。但是，這也不可能。

當我躺在床上，行將就木時，我突然意識到：如果一開始我僅僅去改變我自己，然後作為一個榜樣，我可能改變我的家庭；在家人的幫助和鼓勵下，我可能為國家做一些事情。然後誰知道呢？我甚至可能改變這個世界。

研究發現，閱歷讓年長者變得睿智，因而他們比年輕時更快樂。當年齡漸長，人開始接受周遭環境無法改變的事實。你會慢慢明白，你應該改變自己，這是時間和閱歷帶來的體悟。但如果在年輕時就能有所領悟，你的世界會不會變得不一樣呢？

一個笑話是這麼說的：有個人覺得他的生活很不順遂，一直沒有發財的機會，所以找了算命師。算命師看著他的臉，沉思一會兒後說：「五年。」這個人聽了很開心：「啊，您是說我五年後就會發大財嗎？」算命師搖了搖頭，說：「五年後，你就會習慣你現在的樣子了。」

雖是一個笑話，但其中意義深遠。接納現在所處的環境，積極地思考應該怎樣做出自我改變，並且付諸行動，這才是健康圓滿的生活方式。

幸福就是內心的安定調和

L先生身居投資銀行的高級職位，坐在明亮寬敞的辦公室，領著比以前增加N倍的薪水，按理說應該生活得悠遊從容。但有趣的是，這份工作的性質跟他過去的工作大相徑庭。過去他是工運的領頭人，流血流汗為工人謀福利，跟企業資本家鬥智鬥勇，自己卻生活得十分清苦。

他在談話的時候，常常流露出自己的「不應該」。他嘲笑自己是所謂的「衣冠禽獸」。以前，他穿的是極其簡單的汗衫，頂著烈日領著工人，維權抗爭；而現在，他穿著筆挺的西裝，坐在辦公室裡吹冷氣，享高薪，成為了他以前與之鬥爭的那一派人。

他說他看到股票下跌，身為銀行家，他應該先想到自己的薪水也會隨之減少。但他同時也有一種莫名的快感，覺得這些資本家活該倒楣，他的心情反而更輕鬆。

他的內心常有這樣的矛盾和衝突。他告訴我，每當夜深人靜的時候，想起過去的時光，那時多麼熱血激昂，為正義和理想高舉旗幟；而想到現在，覺得自己很低俗，但是又脫離不了這種物質豐厚的生活。所以每次看望以前的革命好兄弟時，他都會捐款給他們，跟他們說加油。只有這樣，才能減輕他內心的罪疚感。

我跟他說，你要懂得跟自己相處。

你的內心有兩個我，這兩個我常在打架。以前的我不停地指責現在的我，但現在的我並不想回到過去。當你無法將他們調和一致時，你的內心就會有矛盾和衝突。

你可以是個溫和的革命家，也同時能作個正義的資本家。一個健全的人格是能夠整合你人生中看似矛盾的部分，就像一個芭蕾舞者，她的動作是柔美的，輕如薄紗翩若驚鴻，同時全身的肌肉又是充滿力量的，似來還去間蘊含著爆發的張力。這就是剛與柔的結合。陽剛的肌肉力量與柔美的身段線條，這兩者看似兩個極端，卻是能同時存在的。

幸福的方式：幸福的萬千種可能

很多朋友都會問：怎樣才能讓幸福的蘋果落在我頭上？

幸福資料庫歸結出了幾條可以讓自己變得更幸福的方式：一段穩定持久的愛情關係，勞逸結合的工作生活平衡，在外有推心置腹的親人好友，獨處時有自己喜歡做的事情……都是敲開幸福大門的密語。不過它也提醒，快樂並不會因為朋友數目的增加而增多，畢竟，幸福是重質不重量的。無論與人或事，只有真心地投入，幸福才會降臨。

還有一些有意思的發現。如果你覺得自己長得不錯，也會比較快樂。有趣的是，這裡並非需要你真的長得不錯，是「自認為」不錯就行。對自己有信心，人也就快樂。還有，每天花一小時以下在上下班交通的人，比花一小時以上的人會明顯更快樂。

請相信，你值得擁有幸福。有意願就有方法，一切都有可能性。那些你給得起自己的幸福，現在就行動吧！

【練愛語錄】

莫內在晚年幾乎全盲的狀態下，完成了最好的作品。
用心，使肉眼成為慧眼。
你會看到事物的本質，而不只是那些投射的幻影。

08 妻子太優秀，影響性生活？

時光靜靜地流逝，秋去冬來。擁有一個幸福的歸宿，擁有一段美滿的婚姻，相信是每個女人的憧憬。但是卻不是每個到了適婚年齡的女生，都能適時地遇到命中的白馬王子。

難道優秀也是錯？

有位女性友人是所謂的「三高族」，學歷高，收入高，身高高——近一八〇的模特兒身材；世界名校畢業；任職大型跨國企業高階主管，收入和前途不在話下，各方面條件都突出得不得了。惟獨，少個男人來愛。

像她這樣的困擾絕非少數。有個熱心的朋友，舉辦了一個單身男女聯誼會，才推出三天，馬上就五十個女性滿額了。但一直到聯誼會開始的前三天，男性名額一直都不夠，最後唯有東拉西扯一些朋友來湊數。在現代社會裡，剩女比剩男更多。

有一句開玩笑的話說，世界上有三種類別的人：男人，女人，和女博士。為什麼這些三高族的女性很難找到男朋友呢？

可能很多女生會說：我的條件太好了，男生感覺自己配不上，自然就不會來追我。這是普遍的想法，但我也看到了一些特例。

我有個女性好友也是三高族，但她身邊總有護花使者，不乏追求的對象。這位受歡迎的三高女性，她與人互動時總如行雲流水、春風拂面，讓人倍感隨和，沒有架子，容易親近。對比於後者的柔軟身段，前者則顯現出一種「我比你強」的態度，甚至不必開聲，她的氣場已經讓男性感到壓力了。

我曾經帶這位女強人去參加一個男性聚會，結束後有位男性跟我說：「妳的朋友想要交男友的話，她的態度要做些改變，因為她不自覺地一直顯示她的聰明才智和事業成就。」

其實她這樣做的時候，會給男人一種壓迫感，她的氣勢讓男人覺得比她弱。心裡不舒服，自然就想逃離了。相形之下，後者的氣場就溫柔和緩多了，絲毫不會讓人感到壓力。即使她也是個三高女性，但她為人低調，讓周遭的人覺得輕鬆自在。

人際之間的相處貴在和諧，三高族要學會三放：放低姿態，放軟身段，放鬆內心。

在這個女性地位日益提高的時代，女性有了更多選擇的自由。優秀不是錯，就算決定不交男友，全力衝刺工作成就，那麼如果想要有所升遷，也要注意以下有關職場偏見的研究。

美國喬治梅森大學的一項研究發現，女性要想得成功，就必須摒棄「表現得像個男人」的觀點，抵制「表現如男人」的誘惑。多項研究表明，表現剛毅而自信的「攻擊型」女性，通常比表現跟女性化特徵的「溫柔型」女性獲得升職的機會更少。

這項研究對於八十多位正在攻讀工商管理碩士學位的年輕人進行了追蹤，八年之後，研究人員再次回訪參試者職業生涯進展情況，結果顯示，有些人獲得五次升職，有些人只獲得一至二次升職。工作作風強硬、自信果敢的「男子氣型」女性，獲得升職的機會明顯少於「溫柔型」女性。而注意到自己「男性化」特點，且努力自控的女性，其升職機會多於那些暴露強硬性格的女性。美國一項早期研究也發現，咄咄逼人或愛出風頭的女性，求職成功率最低。

這項研究結果可能會使男女平等主義者大為不悅，但是研究的確發現，要想在男人堆裡獲得成功，女性的最佳方法就是表現像個淑女。研究負責人奧利維婭．奧尼爾博士表示，能展現溫柔一面的女性更討人喜愛，並且建議那些剛毅自信的女性不要始終表現這一性格，該溫柔時溫柔，該強硬時強硬。

既然我們暫時無法去強迫這個社會改變它的一時選擇，當妳做好準備，要把事業當做自己的親密愛人去努力追求，別忘了妳天生的武器，那是柔軟可滴水穿石的力道，是激烈的工作戰場中讓人渴求的甘泉。

讓我們乾杯，為我們自釀的溫柔與剛毅。

高傲是自卑的掩飾

高傲的孔雀，不時要展開華麗的翅膀炫耀一番。從心理學的角度來說，這在某種程度上表明了他／她的自我價值感：外強中乾。

這位女強人的原生家庭有嚴重的重男輕女傾向，父母幾乎把所有的愛都給了哥哥和弟弟，但對於她，卻吝於予以鼓勵和肯定。她渴望得到父母的認同，因此自小就非常努力，無論學業成績或是課外活動都表現優異。即便如此，仍然得不到家長關愛的眼神，這也造成了她內心的極度缺乏自信。為了彌補失落的認同，為了保護自己不被否認、不受傷害，她慣用自負強勢的姿態去武裝內心的自卑脆弱。低落的自我價值感讓內在的小女孩依然覺得自己不夠好，不值得被愛，愛情便難以靠近她身旁。

一個真正滿足於自己內心、看見自我價值的人，他／她的狀態處於平和協調，不卑不亢，這是真正的自在。

海納百川，虛懷若古。當你「放低姿態、放軟身段」的同時，更深層的改變是「放鬆內心」，活出本自具足的自我價值。做一個讓自己感到安心自在的人，身邊的人感染了這份安心自在，跟你相處時也能輕鬆從容。

為了讓你好過，我不上班了

丹麥以二十萬對已婚夫婦作為研究對象，觀察丈夫跟妻子的薪資差距及性生活的狀況。結果研究發現，以妻子為主要經濟來源的家庭，更容易出現性生活上的問題。研究團隊表示，因為妻子的薪資若比丈夫高，丈夫失去一家之主地位而產生心理壓力，因而影響性生活。研究指出，若是妻子的薪資比丈夫的超出一倍，丈夫可能會出現性功能障礙，服用壯陽藥物的機率也較高。

這項研究結果顯示，一向提倡男女平等的西方國家，也存在男主外女主內的傳統思想，丈夫會因妻子的薪資比自己高而產生自卑心理。

有個朋友的丈夫失業好幾個月了。失業後，每天都在家裡唉聲嘆氣，覺得自己很沒用。而妻子工作穩定，儲蓄還夠一段時間的開銷，家裡的經濟狀況目前沒什麼壓力，所以她跟公司請了長假待在家裡。

我問她，你為什麼請長假呢？她說，如果她不待在家裡，丈夫的心理壓力會更大，他會覺得現在的一切經濟狀況都要太太來負責，那丈夫的無力感和無價值感就會更強烈。所以這時她將工作暫停，第一是可以陪伴先生，第二是為了讓他心裡平衡一點。她其實想去上班，但是她又害怕先生的自卑心理加重，所以只好請假在家。

這才是真男人

這件事讓我想到，怎樣是一個真正的男人？

常言道，男子漢大丈夫，提得起，放得下。但是在這個社會上定義的男子漢，通常都只是「提得起」，至於是否「放得下」，無論從研究結果還是生活實例，能夠放得下的男人都極少。

為什麼一個真正的男子漢，可以提得起又放得下？其實是因為：他的自我價值感來源於自我內在的滿足，他能夠對自己和環境有清晰的認知和正面的接納。

我認識一些男性，他們的太太事業有成，所以常常有人對他們說：哦，原來你是某某人的老公！但是我發現這些男士不以為意，他們會用幽默與睿智回應說：是啊，我老婆真的很優秀，因為我眼光好，才會挑到這麼好的老婆。也因為她眼光高，看到我是個好男人，才會嫁給我。

這樣的男人真是讓人佩服，你可以感受到他內在能量的強大。即便他在事業上不比太太成功，但他們夫妻之間肯定是互相尊重的，太太也會以先生的意見為歸依。

每個人都有被認同的需要，特別是面對心愛的人。試著去發現對方的優點，多加稱讚，衷心地欣賞對方，並且深深地感謝對方在你生命中的一切。妳和他，你和她，一定可以相愛久久，煥發幸福。

09 婚後無性夫妻，重啟戀愛模式

電影《失戀三十三天》裡有一段台詞：「東西用久了自然就會壞，壞了就要修，就像人與人的關係一樣，我們哪像你這個年代的，用壞了的東西就丟。」重新審視我們當下所處的親密關係，夫妻也好，伴侶也好，如今的我們，走到了哪個境地？

不再做愛，是不愛了嗎？

日本曾經對四十歲以上的夫妻進行大規模調查，這份親密關係的白皮書揭露了日本當代夫妻的真實面孔——在婚後的四年內，夫妻還能保證親密關係；但是從第五年開始，親密次數就會減少，甚至演變到了無性夫妻的地步。

調查呈現出的數據同樣出人意料：身心健康、四十多歲的夫妻，夫妻之間一個月做愛不到一次的已接近六成；五十歲以上的夫妻，有四成已經完全沒有了性生活，而這當中卻有六成的丈夫有買春的經歷，三成的丈夫嘗試過偷情。在結婚十年以上的夫妻中，有五成的妻子感覺和丈夫做愛並不是一件享受的事情，有四成的先生曾經被太太拒絕上床，甚至有很多妻子認為做愛這件事可有可無。曾經親密無間的夫妻關係如同一片寂寥的荒漠，再也沒有了初始的激情與歡愉。

之後，日本的性心理專家對參與調查的男女進行訪問，分析了背後的緣由。男性對夫妻性生活失去興趣的原因有兩個，一個是精力減退，另一個是無法感覺到妻子的魅力。男性的說法是：當他們看到太太肚子上的三層肥油，整日頭髮淩亂、面容晦暗，不化妝、不打扮，黃臉婆一樣地在自己面前，就連擁抱的念頭都沒有了。女性方面則抱怨：先生總是脫完褲子就進入，沒有前戲、欠缺愛意，跟上廁所一樣地草草了事，這樣的做愛反而讓她們感覺空虛，失去了被愛的感覺，自然性趣低落。

根據人類學家的研究發現，男女的感情轉捩點通常是在第四年。無論是在日常生活還是在親密關係上，人腦都會有一個從新奇到習慣的過程，所以和一個親密的伴侶保持關係四年之後，就會逐漸地失去新鮮感。

報告還顯示，有很多的夫妻彼此之間都是不「聊天」的，這裡的「聊天」是指情感層面的真正的交談。他們平日的交談時間不超過三十分鐘，即便是假日也不滿一小時。那在這些寶貴的時間中，他們談些什麼呢？幾乎所有年齡層的這些夫妻，他們交談的首要話題都圍繞在孩子的身上，第二是父母照顧，第三是日常生活的瑣事。這種義務似的談話與愛意的表達無關，與彼此的情感交流無關，沒有滋養光亮可言，充沛的感情就這樣被柴米油鹽醬醋茶的溝通內容磨蝕殆盡。

婚姻是更長久的戀愛

一位已經結婚十多年的朋友說：在結婚前，另一半看到你總是熱情如火，恨不能馬上把你拉上床；但是婚後過了十多年，他在想的可能就是怎麼把你踢下床了。其實很多性關係出了問題的夫妻，他們性生活不協調的原因並不全是生理問題，與夫妻的相處模式亦有很大關聯。

婚姻首要的是責任心。每一個進入婚姻生活的人都要盡到自己的責任，不單是照顧持家的責任，你需要給自己和伴侶一個承諾，承諾讓愛情常保新鮮，當然這同時也是對方的責任。

記得要時常檢視兩人的關係，發現有瑕疵就趕緊復原，別等東西壞得徹底，難以修補，只得丟了。當兩個人達成了這樣的共識，親密關係才能長長久久。

怎樣恢復夫妻間的親密關係，培養愛情的幸福感？我的答案是：重啟「戀愛模式」，讓夫妻關係重返美妙的戀愛時代。如果夫妻之間一直都開啟著「戀愛模式」，那麼兩人之間的親密感，會讓他們想與對方創造共用心靈上的甜蜜愉悅，身體也會如膠似漆。

回想一下，為什麼婚後我們失去了戀愛的感覺？怕是許多人都把結婚當做了戀愛結束的分界線。結婚了，我們要練習做一對老夫老妻，於是少了很多的約會與交談、激情與浪漫，卻多了許多的柴米油鹽、家長里短。

而夫妻之間的性生活，不單關乎肉體的快感，更重要的是建立一種心靈上的聯繫。做愛和性交不同，前者因愛而做，是只能與愛人做的事；後者為性而交，只為了滿足生理需要而已。後者建立在感官享樂上，越新奇刺激越吸引注意，兩人交往時間一長，習慣了就彈性疲乏。前者是親密的真愛關係，只要兩人有心培養，交往時間越長，就像好酒越陳越香，越愛越濃。

美妙性愛的靈藥

重塑親密關係還需要另一劑「靈藥」，那就是良好的溝通。互動溝通就像體育運動中的雙打，無論是網球還是桌球，雙打的默契是練出來的。夫妻之間其實也是，彼此之間的默契、瞭解和信任，皆要透過溝通來培養。

一次完美的溝通會像參加雙打比賽一樣，你來我往。「你來」，是專注地去聆聽，去體會，去關注。有一些人在另一半講話的時候只會沒頭沒尾地點頭，其實根本沒聽，這種溝通是無效的，因為你完全沒有把自己專注在對方所要講的話上。「我往」，是要我們用一顆坦誠的心，表達我們內心的情緒、感覺和想法。坦誠並不代表用一種直白和傷人的態度去說話，而是用婉轉溫和的態度去說出你內心真正的想法。

所以，良好的溝通就是坦誠自己內心的感覺，不涉及人身攻擊和批判指責，同時也要把所有的專注放在聆聽對方講話上，一聽，一說，這樣的溝通才是有效的互動。在溝通的基礎上彼此信任和瞭解，情感自然流動，呈現完全的交付與交融。

所以，最美妙的性愛契合要從心的交流來培養，靈肉合一。你需要做的，是和另一半重溫戀愛時光，像談戀愛一樣交心，做戀人之間會做的事。

譬如說，你跟你的另一半以前在談戀愛的時候，會常常去公園散步，一起吃飯與看電影，那麼你們每個禮拜最好預留一次共進晚餐的時間。如果那段時間有孩子需要照顧，請拜託親友或機構幫忙。然後兩個人單獨進行一場溫馨而舒適的約會，一同享受這美好的過程，感受那瀰漫在兩人間的愛意。

曾幾何時，從戀愛走入婚姻的人們，眼中漸漸只看見對方的缺點，而優點變成了理所當然的盲區。在這場約會中，請用戀愛般欣賞的目光注視著你的另一半，用心感受那種單純的熱切。

戀人之間交錯的目光，是一味古老而天然的的愛情魔藥。早在二十多年前，就已經有美國的凱勒曼（**J. Kellerman**）教授通過實驗驗證了。凱勒曼教授的研究團隊找了四十八位互不相識的男女，然後隨機進行兩兩配對。這二十四對男女分為兩組，實驗組要求他們要凝視對方兩分鐘，對照組則沒有任何指示。結果，曾經凝視對方兩分鐘的實驗組，相較於沒有互動的那組，對另一方更具有好感。結論顯示，對原本是陌生人的男女，凝視也會極大提高好感度。

這種凝視效果，在哈佛大學心理系的魯賓（Z. Rubin）教授的研究中，也同樣獲得證實。魯賓教授仔細地觀察過陷入熱戀的人，發現戀人們最突出的表現是：彼此凝視著對方說話。通常愛侶們在跟對方說話時，即便話題已經結束，他們的眼神還是離不開對方。

魯賓教授發現，彼此說話時凝視對方的時間愈長的情侶，問卷結果也顯示出其愈相愛。魯賓教授認為，若是在相處的期間內，有百分之七十五左右的時間都持續注視著對方的話，苯乙胺醇的分泌會引發愛的感覺。

所以如果你跟你的意中人有單獨相處聊天的機會，就看著對方的眼睛跟他／她說話吧！仔細看著那雙眼睛，那是湖面皓月，滿井繁星，也是把你整個收納在心頭的眼睛。這眼神打撈起的苯乙胺醇，有時候勝過一個深吻。

不僅僅在日常的交談中，如果在做愛之際來一些眼神注視，那麼做愛的體驗也會更加的滿足。

傳統觀念中，性愛過程是私密而隱諱的。親熱的時候，很多人喜歡把房間裡的燈光熄掉，並在大多數時候都閉上眼睛。但是，美國科羅拉多州婚姻家庭健康中心的施納赫（D. Schnarch）博士，對許多性生活不甚美滿的夫妻建議：如果想要重溫「來電」的感覺，就試著不要把眼睛閉上，不要關燈，在光線充足並能夠看得見彼此的情況下進行性生活。

他提出，保持視線的接觸可以讓伴侶之間互相感知，並加深彼此親密的感覺。如果從前戲階段就保持雙方視線的膠著，那麼彼此親密的感覺程度會更深，並對隨後的性愛品質產生很大影響。另一方面，視線的接觸實際上可以看作是一種性挑逗行為，對性的喚起很有幫助。所以，尋求高潮的過程並不需要什麼特別的技巧，只要彼此互相注視，就能夠達到。

做愛的時候，你們就在宇宙的中央。閉著眼睛看不見伴侶，將對方隔絕在自己的世界之外，單純地等待高潮，不是有點寂寞嗎？睜著眼睛迎接高潮，注視著眼前的這個人，讓深淵來吞沒深淵，讓海洋來覆蓋海洋，眼神變成包裹著彼此的絲繭，一層層來纏繞美妙的性愛，深切體會到彼此可以共同達到的親密程度，不僅在身體上達成交流，而且能在精神上形成共鳴，真正做到水乳交融，才真正會孕育出更完滿的愛欲。

在這個重燃愛火的過程之中，你會再次看見對方的美好，就如同以前在戀愛時，你就是這樣被他／她的優點深深地吸引著。

戀愛模式，重新啟動。我想跟你做愛，因為我愛你。

〈練愛語錄〉

當個可愛女人，
心裡要住著天真，
腦裡要住著智慧。

10 是什麼，讓我們面對背叛，如此盲目？

明明知道你愛的，甚至有了他／她，卻依然無法堅決轉身。
在這個城市裡，有多少人像蝸牛一樣，住在自己的殼裡，
像是美麗的海市蜃樓，卻不願相信，真相就像背上的殼，
一擊即碎。

對背叛視而不見，是人類的保護機制

美國俄勒岡大學心理系弗爾德（J. Freyd）和比勒爾（P. Birrell）教授進行了一系列的研究，發現人在面對背叛時，通常都是視而不見的。

是什麼讓我們面對背叛，竟如此盲目？

從我們出生面對家人，到上學面對老師、同學，出社會面對上司、同事，結婚後面對伴侶、孩子等等，一生中可能要面對背叛的時刻，實在如恆河沙數。但我們往往對於多數的背叛是視而不見的，甚至事實擺在面前也情願自欺欺人，只要那件事沒有大原則上的侵犯，只要我們跟背叛者還需要合作共存。我們似乎只會對一些嚴重的背叛事件才會有所反應。

為什麼人類千萬年來會形成這樣的默契呢？研究者解釋道，通常我們出生後面對的第一次背叛，是來自照顧者，比如父母的背叛。答應了乖乖吃完飯，就能去海洋公園玩；考試一百分，就能得到一台機器人……如此這般，而父母又並未履行承諾。當我們還是小孩時，頭一次遇到這樣的背叛，是感到憤怒，想要反抗，不願合作的。

但人類有生存的本能，小小的我們要想活下去，就得繼續跟這個背叛者，也就是照顧者合作，即使對方多麼的不講信用。所以我們寧願選擇視而不見，不讓事情浮上台面，影響了我們跟照顧者的關係。

我們為了生存，為了活得更好，而選擇視而不見。久而久之，我們就形成了一個自我保護的機制——在面對背叛時，漸漸麻木；除非刺激夠強大，否則不能喚醒我們對這件事實的感知。

這讓我想起一些政要人物的例子，例如美國前總統柯林頓的性醜聞。妻子們通常是第一個跳出來告訴全世界：我相信我的丈夫是無辜的，他是清白的，請你們也相信他。若是調查屬實，這時候記者再去採訪太太們，她們通常會說：我願意原諒我的丈夫。她們在公眾面前從頭到尾都保持著寬宏大量，哪怕是忍辱負重去偽裝信任。

我有一位個案，她在很久以前就知道丈夫有第三者的存在了。她生氣，不只是因為丈夫有小三，而是因為身邊很多人跟她說出了這個事實。儘管有種種消息證據指向，她仍然跟告知她的人說：我選擇相信他。這件事拖了好幾年後，先生終於親口跟她坦白，然後他們辦了離婚手續。

我問她，為何不願承認這段感情早有第三者了呢？

她低下頭來沉默了一陣後，抬起頭對我說：「安安老師，因為我太愛他了，所以我接受不了他有第三者，寧願選擇相信他，那樣會讓我好過一點。」

她就像個無依無靠的孩子，因為要活下去，所以選擇對先生的背叛視而不見。

但這其實不是因為她太愛他、沒有他的愛就活不下去。他們之間已經發展成了一種病態的依賴關係，只是她把它定義為愛。

以葉障目，是因為想維持現狀

弗爾德和比勒爾教授提出了「盲視背叛」（betrayal blindness）：在一段當事人非常在意的親密關係中，當對方出軌，當事人無法或不敢面對甚至反抗時，會選擇直接無視對方出軌的行為，假裝沒有發生，想辦法用時間來逃避解決。

你忽視、忘記、對對方的偷吃沒有印象，是因為你知道，如果你「承認」，將要「承擔」更多負面的風險：爭吵、分手，或離婚。你覺得去處理這件事的風險太大，後果太嚴重，所以你寧願先捂上自己的眼睛，裝作一切都沒有發生，什麼都沒有改變。

你淪陷在這段關係中無法自拔，不想做任何可能會撬動這段親密關係的事，所以你視而不見，維持現狀。似乎只要你不提起來，對方也會回心轉意，雙方都彼此安好，可以繼續好好地生活下去。

在愛情裡，我們要培養健康的互賴，而非病態的依賴。健康的關係如同字母H，兩邊獨立，中間相連，相愛的兩人離了其中一方，另一方不會因此倒下。而病態的依賴關係則像字母A，兩側相靠，愛情關係裡的其中一側若是離開，另一側也會跟著癱倒。

分析這位個案的情況。首先，她在經濟上不是獨立的個體，必須依賴先生而活，一切的金錢都由先生提供。另一方面，這種經濟上的依靠也慢慢浸染成了心理上的依賴，因為長久不接觸社會和複雜人事，讓她的心理能力下降，事無巨細都喜歡打電話詢問她的先生，即使出去跟朋友吃頓晚餐，自己上街買點東西，她都時時需要先生的意見。

其實一個女人這樣的「形影不離」，會讓男人感到疲憊和不自由，自然就想掙脫。在這段病態的依賴關係裡，她得知先生出軌的事實，也無法接受，導致自己在混亂裡糾纏了七、八年之久，最後還是以離婚收場。

弗爾德和比勒爾教授指出：當面臨背叛的創傷將人們摧殘到能量耗竭，人們可能會逐漸視而不見，放棄掙扎；這些逐步加深的自我磨蝕，會讓人逐漸麻木，或者說逐漸適應。但是選擇盲視而逃避，不能解決任何問題，也會加速親密關係的萎縮。

透過支持系統內的知情、表達、訴說、陪伴，被背叛者才能不斷獲得穩定的安全感，真正意義上面對已經發生的意外。「勇敢面對」也許聽上去是老生常談，但從來不是件容易的事。

被背叛的你，卻浴火重生了

我大學時有一位好朋友，她畢業後選擇跟男友一起去美國生活。她在美國沒有找工作，全依靠男友給她經濟上的支援，這點有些類似我上面談到的那位個案。這樣過了兩年後，她發現男友在外面有了第三者，那時她非常傷心痛苦。我問她：你現在打算怎麼辦呢？

她說：我決定離開他，我決定要搬出去。

我的朋友非常勇敢，養尊處優的她搬離了與前男友共同生活的家，並且在餐館找了一份靠勞力的工作。然後她一邊工作，一邊到周圍的學校進修兒童教育文憑。後來她成為美國小學的正式教師，也交往了一位新的對象，兩人決定結為終身伴侶，幸福地生活在一起。

我的朋友跟上面談到的個案，兩者起初都在經濟和心理上依賴另一方，當夢幻城堡般的保護殼被擊碎的瞬間，我們可能會錐心地刺痛；但這種痛是令人振聾發聵，或是一蹶不振，卻取決於個人的信念與選擇。我們可以悲傷，但這不妨礙我們在悲傷中找到新的方向，踏入新的旅程。

做一個心理上獨立的人，做一個願意為自己生命負責的人。當你願意為自己的幸福快樂買單，不把它們寄託在外，你就擁有了愛自己和愛他人的能力。這份愛，是有力量的，實實在在的。只要你永不辜負對自己的承諾，就沒人能辜負你。

親愛的，只要相信自己，承諾行動，你一定能活出想要的精采人生。

Ch3

愛是身心靈的依歸

11 莫讓身體背負心靈之債

在我們成長的那些歲月裡，有許多未被覺察和治癒的傷痛。心靈不願我們經受那樣的煎熬，於是用身體上的疼痛來掩蓋、來壓抑那段痛苦的回憶。身體是那樣的無私與忠實，默默地保持著我們的心靈完整。而我們，該如何以心相待？

身體的症狀是心理壓力的外在顯現

我第一次見到R小姐的時候，她的眉頭是緊鎖著的。R的樣貌精緻，氣質溫柔，身材纖瘦，讓人不由生出一種我見猶憐的感覺。她說自己有胃潰瘍，進食對她而言變得困難，而且吃了也不消化，這便是她身材纖瘦的原因。她說最近這段時間總是覺得頭暈和頭疼，看東西有黑影。她懷疑自己的腦中長了東西，所以去醫院做了一系列精密的檢查，結果卻顯示沒有異狀。不舒服的狀況越來越劇烈，檢查卻一切如常，醫生建議她找專業的諮詢師聊一聊，說不定是心理因素的關係。於是，她輾轉找到了我。

我聽了R的描述，覺得她可能是出現了心理學上所稱的「軀體化障礙」。患者會覺得自己的身體出現了很多的毛病，譬如消化道病症、排尿問題、氣短胸悶、頭痛和腰背疼痛等。但檢查結果卻顯示一切正常；或者雖然查出有身體問題，但其實並沒有患者感受到的那麼嚴重。

為了找到深層次的原因，我試著問R：「除了腸胃病和頭疼的症狀之外，還有哪些事情困擾著妳？」

R有些愧疚地說：「我已經很久沒有去看過爸爸媽媽了，他們住在國外，而我一想到要坐飛機就會感覺非常恐慌，甚至沒有勇氣去買機票。」

「從害怕坐飛機，到身體漸漸出現各種問題，這樣的情況是什麼時候開始的？」

「十年前，我曾經去美國生活了一段時間，大約從回來之後，各種狀況開始出現了。」

「那麼，你在美國的那段時間，發生了什麼不尋常的事情嗎？」

對話進行到這裡，R沉默了。她說她對那段時間內發生的事情羞於啟齒，她不想說，也不願去回想。

我感覺到她正承受著某種焦慮，而焦慮的來源被她深深地藏在了心裡，她不願意去揭露和面對，這些身體的症狀正是心理壓力的外在顯現。

當一個人的心理承受了很大的壓力，但由於某種原因，得不到宣洩或處理的話，我們的防衛機制就會將壓抑的心理問題轉向身體層面，長期的負面情緒積壓，便透過「軀體化」，以前述的身體症狀表現出來。

不願碰觸的回憶，其實不斷在凌遲內心

我嘗試著與她建立起一種信任與安全的關係，在這種氛圍之中，慢慢地，R的「保護殼」開始像剝洋蔥一樣，一層一層地被剝開，讓我能聆聽她的內心世界。

她說，這件事被她藏在心底很久了，從來沒有跟任何人提起過，甚至連自己都會克制不要再想，不要再去觸碰那一段羞恥的回憶。

原來，在十年前，R和她的先生因為個性觀念上的不和，婚姻出現了問題。慶幸的是，R的先生還是一如既往地愛著她。為了讓彼此都冷靜下來，她的先生建議她先去美國住一段時間，靜下心來思考一下他們之間的關係，她接受了這個提議。

R小姐到了美國之後，就住進了先生在美的私家別墅，而在那裡，她認識了一個小她十歲的男子……講到這裡，R漸漸把頭埋了下去，眼神也不再直視，像是帶著一種深深的罪惡感。

她平復了一下情緒，接著講道：這個男子給了她一段青春洋溢、充滿激情的時光，她很快就陷入了甜蜜而痛苦的戀愛。她和那個男子在一起的每一刻都是快樂的，但每次接到先生從大洋彼岸打來的電話，關切地問候她的時候，她又會感到沉重的愧疚與內心的掙扎。

R的先生年長她許多，習慣於以一種大男人的方式照顧她，溫暖寵溺；而和那個男孩子在一起的時候，這段愛情帶給了她從未有過的熱戀感覺，讓她體驗到了臉紅心跳的悸動滋味。這種充滿掙扎、快樂又痛苦的日子持續了半年，在這段時間中，罪惡感和不安感無時無刻不在折磨著她。最後，她決心終止這段不倫之戀，離開美國，回到了先生的身邊。

R小姐說，在回到先生身邊之後，她發現自己開始恐懼坐飛機，身體也開始出現各種各樣的異常狀況。有時憶起在美國的點點滴滴，會讓她感到非常的擔心。她時常害怕在美國時自己和小男友的親密行為若被別人看到，有一天會告訴她的先生；同時又無時無刻不在承受著對先生不忠的倫理折磨。

或許，這件事並沒有任何人知道，所以R的軀體化症狀更像是她對自己施行的懲罰。在她的潛意識中，她認為自己做錯了，良心的譴責讓身體開始出現各種不適感；她的潛意識告誡她，一定不能回去美國找那個男子，所以，每每想到坐飛機，她就不由自主地感到心悸恐慌。當懲罰與告誡，映射到身體和情緒上，就成了病痛的煎熬，與胡亂臆想的焦慮。

疼痛可以緩解內疚感

雖然R小姐沒有對自己做出懲罰，但是過於沉重的負罪感，使得大腦在替她自我懲罰來緩解這沉重的內疚。

實驗證實了，疼痛的確可以緩解內疚感。昆士蘭大學心理系的巴斯蒂安（B. Bastian）博士找來了六十二個志願者，分成三個小組，並要求其中兩組人，用筆寫下他們曾經拒絕或刻意疏遠某個人的一段經歷，第三組作為對照組，則寫一些日常的活動。回想自己曾經對別人不友好，可以加強受試者的不道德感，藉此引發他們的內疚。

分好組之後，實驗者讓一些受試者——有些來自「不道德組」，有些來自控制組——的手浸到一個冰桶中，並且堅持的越久越好；另外一些人則把手放到一桶溫水中。經過冰水考驗之後，實驗者讓他們評估感受到的疼痛程度，同時測量了他們的內疚感。

結果發現，寫下「拒絕某人」這項經歷的人，把手放在冰桶裡的時間，比記錄日常活動的人更長，他們報告的疼痛程度也更高。不僅如此，和同樣來自「不道德組」但手放在溫水中的受試者相比，那些把手放在冰桶裡的人感受到的內疚，只有放在溫水裡的人的一半。

原諒自己，告別過去

R小姐雖然自己沒有特別做任何懲罰自己的事情，但是她那焦慮的大腦已經對於這些內疚感不堪重負，發號施令給她的神經，「我背叛了我的先生，那麼我要好好懲罰自己，否則我無法再面對自己」，R因此被自己的心魔困擾著。

她的心魔，在於無法原諒自己，無法放下那段已逝的戀情。因著她的不原諒，她讓自我懲罰不斷上演，身體的病痛也愈演愈烈；因著她的放不下，她對那段戀情無法釋懷，所以才會用「對飛行的恐懼」逃避自己。

她需要學會原諒自己，和過去的那段戀情say goodbye。在我們的談話中，她開始明白，這些年她所受過的苦，已經足以為她曾經的不忠行為贖罪了，這些懲罰已經足夠，是時候選擇寬恕、原諒自己了。

而對於那段美好難忘的戀情，她曾經擁有過，也快樂過，但她必須承認，一切已經過去，都結束了，她需要和這段感情說再見。不是把它鎖在心裡不去想，而是在想起的時候，接納和感恩那段年少輕狂的歲月。今後的她，會和先生一道，努力地去經營幸福的生活。

就這樣，經過心理諮詢的引導，她完成了原諒自己的儀式，和過去的戀情做了告別。

大約兩個月之後，我收到了她發來的郵件。她說，她現在正和父母與兄弟姊妹在一起，許多年沒有見到親人了，這次重聚讓她感到開心滿足，身體也在逐漸改善中。

那些原諒不了的過錯，放不下的心結，若不坦然面對，終會對我們造成影響。恢復孩子般的純潔無罪，這是我們曾經擁有的。唯有寬恕了，放下了，卸下心靈背負的債，才有可能還靈魂一片淨土，給生活一道陽光。透過愛與寬恕重塑應對模式，直到心碎和罪惡消失，你就能活在平安之中。

12 放下頭腦主權，傾聽身體語言

有時候，心中的煩惱纏繞得久了，就成了心結；心結越積越深，也就成了心病；心病越拖越久，或許就成了不治之症。解鈴還須繫鈴人，心病仍需心藥醫，打開心靈，接納自己的不完美、人生的不如意，或許就能擁抱奇蹟。

身體上的疾病源於埋藏心底的壓力

我從小就是一個體弱多病的孩子，也就是俗諺說的「藥罐子」。我的身體常出現發炎、發燒的症狀，看過許多醫生，但都無法根治。聽媽媽說，別的孩子吃糖果、喝果汁過童年，我則是吞藥丸、咽藥水長大的。

家中因為沒有男孩，長輩對我寄予厚望，希望身為長女的我，可以為家裡爭光。我在不自覺中將那份殷切的期望內化為自我的要求：我一定要品學兼優，這樣才是一個好孩子。

奇怪的是，我很少感覺到情緒上的壓力，每次同學為了準備考試緊張不已的時候，我卻能夠悠然自得地談笑風生；然而同時，身體的發炎卻會在考試前後更加強烈。長大之後，我甚至在遭受情人和朋友背叛時都哭不出來，身體卻高熱發燒長達數週。

直到深究心理學，我才漸漸體會，身體上的疾病源於埋藏心底的壓力。若我不願意從心理上去面對，它們就會換種方式，用愈加強烈、更引關注的形態來示威。

我發覺自己加之於身體的負擔太大了，那些不該它承受的，應該還給心理去處理。我開始練習與自己對話。我對我的身體說：你不需要這樣默默承受心理推給你的壓力，你要勇敢地 say no，把心理應該負的責任還給他。我對我的心理說：你足夠強大勇敢，當壓力來臨的時候，你可以試著去察覺、接受、釋放、改變，而不是一直逃避抗拒，把責任丟給身體。

我就這樣常常跟自己對話，就像在教育孩子一般。我的心理開始有越來越多的情緒反應出現：電影看到感人處開始會掉眼淚，遇到傷心的事情開始會難過，而這是以前的我很少能體會到的。有一天，情人出軌的往事突然浮現在腦海中，在那一瞬間，我感到非常地委屈和傷心；我甚至打電話給前男友大哭了一場，訴說那時的痛苦和憤怒，他莫名其妙不知所以，因為當初的分手過程中我看似平靜無事。

我感到慶幸，因為我終於開始誠實地面對自己的內心了。當我這樣做的時候，身體的健康的確較以往好轉，但是改善的幅度有限。

當我不明所以，上天似乎聽見了我的疑惑。我被邀請去參加一個茶會雅集，在那裡得到了答案。

身體有自己的言語，你聆聽過嗎？

我在那場茶會上結識了一位茶人，他告訴我，他的身體對於周遭的訊息很敏感，泡茶的時候，可以感受到身邊茶客的體質，似乎這些茶客的身體在悄悄地跟他對話。他說，當我一走進這個茶會的時候，他的身體就告訴他，這位女性從小體弱多病。我有點驚訝：「你說的沒錯，我看起來好像還算健康，事實上從小到大病痛不斷。現在我一旦感到不適，就會嘗試讓身體安靜下來對他好好說話，安撫他。」

我問這位茶人：「你除了讀到我的身體從小到大很不好之外，有其他訊息嗎？」他說：「其實我留到最後，就是要告訴妳這件事。妳的身體一直在主動跟我講話，而且在哭訴。」我更驚訝了，也更加感到好奇。我問：「那你是如何跟別人身體溝通的呢？」

他回答說：「身體有自己的頻率，也有自己的語言。我會觀察別人的身體，但是身體不會主動來找我。好像我們在一個有很多陌生人的地方，我們可以從他們的言行去推測他們是怎麼樣的人。而妳的身體就好像是陌生人中一個主動地跑過來的孩子。她說，妳沒有好好對待她，並且在每次她很疲憊、出現毛病的時候，妳只是跟她說了一大堆道理，卻沒有真正安靜聽她說話。妳的身體很難過，她覺得不被聆聽、不被接受，所以來找我哭訴。」

我覺得似乎當頭棒喝、一針見血地釐清了我的疑惑。我意識到我長期忽略的一點：我之前跟身體的對話是單向式的，但其實身體跟心靈一樣獨立，需要雙向的溝通。長期以來，我一直站在操縱的位置去指揮身體，沒有尊重身體作為真正獨立而平等的個體。當她出現問題的時候，就像孩子在地上哭鬧，我沒有用接納她的狀態，也許只是粗暴地塞了一塊糖，也許只是抱在懷裡安慰，但沒有給她一個真正的空間去舒展，我也沒有真正地去接納對方的情緒。

這位茶人繼續講道：「我們都太習慣用頭腦去指揮日常生活所有事情，包括我們的身體。當身體不舒服時，頭腦就會想辦法：怎麼樣做比較好？但是同樣地，也剝奪了身體自己療癒和恢復的本性。所以，如果妳也想要去傾聽身體的聲音，必須要讓妳的頭腦全放空，到達老子說無所為、無思慮。大腦指揮身體時，就像一個房間裡面放了兩種不同的聲音，其中一個聲音特別大，另一個聲音就會被掩蓋。如果妳想聽清那一個微弱的聲音，就必須要讓妳的另一個聲音平靜下來。」

在茶會大約一個禮拜後，我參加一項長達一周的舞蹈訓練，訓練強度相當大。一直以來，我的腳、小腿到大腿常常抽筋，看過西醫跟中醫，大家眾口一詞說，可能因為肌肉疲憊緊張，目前醫學上也沒有明確治療的方法。西醫只是開放鬆劑跟止痛藥，中醫開一些舒筋活絡的藥，但是每次抽筋起來，還是非常疼痛。

在之後的舞蹈訓練課上，只要腳底稍微開始抽筋，我就開始恐懼，思緒在腦中飛轉：第一天腳底抽筋，第二天就是小腿，第三天就到大腿了。大腿抽筋的時候真的是疼痛難當，走路都很困難。不知不覺，在第一天我就開始擔心第三天的事了，於是更加害怕。一周的舞蹈課程大概剛到一半，怎麼辦？

這時候，實際上是大腦在害怕。它根據以往的經驗告訴我們，以前經歷是如此，那麼這一次也在劫難逃。但從那位茶人那裡得知了聆聽身體的方法後，我打算做一次不一樣的嘗試：我要去處理、面對我的害怕。頭腦是恐懼害怕的代言，身體發出了痛的信號，大腦接收到，反應出害怕的情緒，就會越來越害怕。大腦自動強化它接收到的表面資訊，但是身體自己深層的聲音反而被我們忽略了。

新的嘗試，重新讓生命回歸自己的出口

這一次我對自己說：雖然我恐懼害怕，但是我知道這是頭腦的慣性，我願意試試看我學到的新功課：放下頭腦，無思慮、無所為。我開始把手放在腳跟腿上，然後去

問我的身體：你想要說些什麼呢？你可以告訴我。我不再像以前一樣就是告訴她：請你不要痛了，抱歉請你多多忍耐。停止了這敷衍的安慰跟粗暴地指令，我單純地撫摸著疼痛的部位，告訴她，想說什麼我都會聽，並且會接納所發生的一切。

我不斷地用手撫摸著我疼痛的部位，告訴她說：我接納她，也願意傾聽她。我彷彿感受到我的腳在說話，清清楚楚地在抱怨著：「好累，跳的好辛苦，所以才痛。」當我放下頭腦去真正傾聽身體的時候，我發現原來身體真的有自己的聲音。

我默默地聽著，溫柔地撫摸著疼痛的地方，同理他的處境，讓他感覺是被一顆寬容與包容的心接納和傾聽的。經過不斷的撫摸傾聽，我發現疼痛竟然慢慢地舒緩下來了。接下來幾天，每一次疼痛的時候，用同樣的方法撫摸傾聽。就這樣，我結束了一周的舞蹈訓練。要是在以前，按照這樣的跳舞強度，我可能痛到站不起來了，但是我竟然完成了訓練，而且並沒有想像中的疼。

原來，當我真的願意放下頭腦的主權，放棄頭腦自己解讀身體的先前判定，而把主權真的回歸給身體的時候，會發現，身體有他自己想說的話。只要去接納包容他，接納一切的不舒服，包容一切的害怕，你會發現，這些恐懼和不適就會消失。因為生命會找到他自己的出口，而你要做的就是把主權歸還給他，讓他自己去找出口而已，就讓生命的水流自己去找尋自己的河道。

大腦當指揮？有時身體也在獨奏

身心的關係很微妙，彼此既相互獨立，又相互依存。肢體動作能改變心理感受，而頭腦裡的想法，也能改變身體狀態，甚至環境際遇。改變的第一步在於：接納。

真心接納自己，願意臣服生命的安排，改變才會發生。我們通常不願接納身體會生病，這種「不接納」就是一種對抗，能量都花在對抗自己當下的狀態了。接納自己，是「活在當下」的智慧，是在接納的基礎上，再作出改變。唯有接納自己後，才能跟自己的身體連結，允許身體的抗議，安慰身體的哭泣，就像對待一個叛逆的孩子般，接納他的乖張，聆聽他真正的需要，給予他足夠的愛與信任，這個孩子才會逐漸轉變，你的身體才能將能量用在復原改善上。

如果把人分成三個部分：身體、心靈、思想，其實，身體的聲音是最微弱幽微的，需要我們非常溫柔細緻地聆聽才能聽到。好比一只洋蔥，最裡層的綠芯是身體，包裹白色的肉是心靈，再裹上紫色的皮是思想。很多時候，我們都只看到最外層的紫皮，左思右想充斥頭腦，卻聽不到最裡層綠芯的真實聲音。我們需要學會看到自己身體最本真的渴望。

在構成自我的房間裡，通常聲音最大的就是頭腦，已經習慣了去指揮做主。唯有當我們願意放下這個指揮的頭腦時，你才會聽見身體的聲音。你會發現身體原來有自己的韻律，有自己的節奏。其實讓身體自己演奏就可以成為一首很棒的樂曲，你不需要在一個已經非常獨立而完整的樂曲播放的時候，找一個指揮家在旁邊比手劃腳，那些都是多餘的。

中國古代哲學裡的道家思想強調無為，人不需要有什麼作為，只要順應道，遵循道法自然的天性，尊重天地間自然的規律，並不需要去做些什麼。無為並不等於不為，而是說：當我們願意放下頭腦，放下我們對生命當中很多事情的掌控權，用真心去接受我們所有的狀態，並且尊重我們所有的狀態的時候，所謂的道與自然就會在我們的生命浮現出來，給生命以順流的姿態。

當我們願意放下頭腦控制權的時候，上天會來接管，我們就讓自己順應道之流，放開嚴恪遵守的教條規範，傾聽身體自己的話，感受那些細微的波浪。

身體有獨立的聲音、獨立的規律跟節奏。身體所需要的，可能人人是不一樣的。

當你仔細的去聆聽你的身體時，你才會知道他需要什麼、喜歡什麼。當你願意照著他給你的指示去對待他的時候，你會發現，健康可以提升很快，甚至比不少健康守則都來得更好。

身體這位大提琴手總是擔任低音部，當指揮放下指揮棒，讓其他樂手安靜下來時，身體的樂曲才會潺潺流出；最開始也許聲音的確小了點，但是讓他繼續演奏下去，也許能聽到很不錯的音樂呢！

身體會說話，每天留給自己一段安靜的時間，內觀自己，跟身心溝通。體會跟身心交流的微妙，學著用接納和慈悲，善待自己和世界。

13 解開心結治癒絕症，成就生命奇蹟

你是否曾想過，如果今天就要迎來生命的最後時刻，你該如何面對？又將做些什麼？

當我們不再去逃避，而是鼓起勇氣說出心裡的害怕與不安，選擇接納與寬恕，恐懼將融化在愛中……生命的奇蹟，亦會降臨。

死前最想說的一句話……

我們來談一個嚴肅又很溫馨的話題：死亡。

美國舊金山大學醫學院做了一個電腦的程式系統，可以用來預測你什麼時候會死亡。聽起來是不是很令人震驚？這個系統適用於六十歲以上的老年人，只要輸入你各種各樣的身體狀況，如心臟、皮膚、呼吸系統、血壓、心率指數等，以及加上一些測驗，如一分鐘能走多少路、你走多久必須要休息……等。把所有資料輸進這個系統，他就能預測你幾歲的時候會到另一個世界去。

世事無常，我們根本無法知道將來會發生什麼事情，如果有一天你收到了生命的預測通知，告訴你，你即將面臨死亡，那麼，在生命結束之前，你會做什麼？

一個真實的故事發生在二次世界大戰前的日本。一架國內飛機因為事故要撞山了，在此之時，機長通知乘客飛機即將墜毀，不可能生還，要他們趕快拿出紙筆寫下遺書。飛機最後撞山墜毀，沒有一個人生還。

當時坐飛機的都是有頭有臉的人物，後來事故現場有人收集遺書，在這些遺書當中，沒有看到遺產和權利分配，而是都出現了三個字：對不起。

這件事情讓大家感到非常震驚，沒想到，這些有權勢地位的人物想對在世的人說的最後一句話，竟然是「對不起」。當時的日本是一個大男人主義盛行的地方，這些搭飛機的人物，在日常生活中是絕不會對家庭或者孩子道歉的，但是他們卻留下了一句意義重大的「對不起」，他們內心的遺憾和愧疚，雖然嘴上沒說，卻是存在於心的。

事過境遷，時空轉換至二〇一一年九月十一日的紐約。在飛機撞擊雙子星大廈前，機上的人們不停地打著電話，在他們手機的通話紀錄裡，出現最多的話語，不再是「對不起」，而是「我愛你」。

從「對不起」到「我愛你」，從東方到西方，從過去到未來，人之將死，其言也善，我們內在的愧疚和愛意，都要被表述後才能了結。這些未嘗訴說的情感可能是「對不起」，也可能是「我愛你」。

對於很多身體健康的人而言，死亡是個太過遙遠的話題。然而，旦夕禍福，生死一線，時時刻刻在不斷上演。有一句話，「Right now, or too late.」：現在，或者太遲。那些掩藏在你心底許久的話語，如果你還有機會表達，把握現在，就在當下。

S的生命奇蹟

S小姐一直大病小病不斷，在見到我之前，她已經被診斷出來患了癌症的第一期。在朋友的推薦下，她決定來找我好好聊一聊。在我們建立起彼此信賴的關係之後，她終於開始慢慢地向我敞開，一點一點地敘說她的故事。

S的身體症狀在五、六年前就出現了。那時發生的一件事，使她陷入失落心痛的境地。這個故事是有關她唯一的哥哥。

在一個重男輕女的家庭中，她的哥哥無疑是一個集萬千寵愛在一身的角色，受最好的教育，好吃的、好玩的都要優先給哥哥。S雖然覺得有些委屈，但她還是很愛她的哥哥，和哥哥的感情很好，習慣於把最好的留給哥哥，在家務事上也是非常照顧她的哥哥。甚至在哥哥成家後，她也會經常去哥哥家，為哥哥送去自己精心挑選的衣服，幫忙嫂嫂一起打掃。

直到有一天，她像往常一樣去哥哥家，還沒進門，就聽到哥哥在對嫂嫂講話。她聽到哥哥埋怨自己很沒用，不會挑衣服，打掃也不乾淨，言語間流露出嫌棄自己的意味。在那一剎那，S小姐覺得自己全心全意的付出，卻換來哥哥的冷嘲熱諷和不屑一顧，那是她最在乎的人啊！就從那個時候開始，她的身體開始變得越來越糟，加之來自照顧家庭和孩子的各種壓力，身體每況愈下，甚至惡化成了癌症。

S說，經歷了這樣的一件事之後，她就再也沒有勇氣去面對她的哥哥了。回想起來，她已經很久沒有和這個哥哥好好的聊天了，除了在見面時禮貌地打聲招呼，再沒有任何的交集了。在她的心裡，她已經當這個哥哥死了一般，不願承認還有這麼一個哥哥了。

聽她講述完她和哥哥的糾葛之後，我產生了一種很強烈的感覺：我需要引導她試著去原諒她的哥哥，而且就在當下，就在那一天。不出所料地，當我問她願不願意原諒她的哥哥時，她很肯定地搖頭說不願意，因為她覺得那已經不再是她的哥哥了。

我引導她去回想，在與哥哥相處過程中的溫暖時光，回想她身旁人事物給她的愛。其實宇宙天地充滿了愛，她需要的，是把這些愛迎回到自己的內心，靠愛的力量去原諒哥哥。當人願意回歸到自己最深層的部分的時候，你會發現，宇宙天地之愛是何等的偉大，祂把陽光、雨水、空氣和各樣的資源都給了我們，讓我們得以存在，得以煥發生命之光。

當我引導S去感受和體會愛的存在，愛的力量逐漸柔軟豐富了她的內心。這個時候，我輕輕地問S，是否願意原諒她的哥哥，她點點頭答應了。

就在她答應的那一瞬間，一件非常奇妙的事情發生了：我和她同時感到好似有股泉水從頭頂澆灌下來，在這股愛之流中被溫暖地包圍著。

在S選擇原諒了哥哥之後，奇蹟發生了。在之後的檢查中，報告顯示，她的癌細胞消失了！當然，這歸功中西醫學與心理治療多方面的幫助。而我相信，最大的醫生是她自己，奇蹟的出現，一定關乎她的大愛，她願意選擇放下心中的怨恨，原諒他人，放過自己，祝福就翩然降臨。

如果今天就是你的最後機會

二〇〇三年，正是SARS盛行的時候。旅行返台的我突然開始發高燒，全身疼痛、畏寒、咳嗽。當時，因全球SARS死亡的病例正在不斷上升，正是全民戒備、人心惶惶的時刻。病情還沒有被確定，但已經出現了疑似的症狀，就醫之後我被院方隔離了。

事後我才知道，我原來是第一例感染SARS的台灣人。

這樣可怕的病症，又是台灣第一例，醫療人員自然是如臨大敵。記得當時的我被關進了一個非常大的病房，原本六個人的病房，空盪盪地只住了我一個。

我等了很久很久，才見到一個裝備成「太空人」一樣的醫生來為我檢測。因為病症的極度危險性，我能見到的醫護人員少之又少，家人更是被遠遠地阻擋在外，沒辦法見上一面。持續的高燒，不停的咳嗽……身體出現的各種症狀讓我感到非常難受，十分辛苦。孤獨與病痛的雙重折磨，在那個時候，我卻只能獨自承擔，分外淒涼。

我躺在病床上，腦中冒出的第一個念頭是——為什麼是我？然而，這樣怨天尤人的埋怨並沒有持續多久。我發覺，當死亡真正迫近的時候，怨懟的情緒其實很短暫，腦中不由自主地開始回顧這一生經歷過的種種世事，那些我曾經擁有的和失去的一切。

當心情漸漸平靜，我問自己：如果生命只剩下幾日的光景，我要怎樣面對這僅存的最後時光？平時被庸庸碌碌的生活迷了眼，總是看著遠方的目標，量度距離自己還差多少。當追擊的目標跟不上生命的變化，當樂章戛然而止，未來不再重要，我才有機會認真地感受當下，品嘗過往。

細數經歷的歡笑淚水，快樂悲傷，我發現自己的生命是如此的富足，有那麼多我愛的人和愛我的人，他們在我生命的不同階段給予我力量與勇氣，讓我前行至今，成為了現在的自己。

感恩的情懷取代了對死亡的恐懼，於是我開始打電話給每一個朋友、親人，對他們說謝謝，真心地感謝他們給我的生命帶來的無限美好，那些一起走過的歲月，我一直銘記在心。

接下來，在經歷了一系列的醫療檢查與治療之後，我的病情得到了確定——**SARS**「非典型肺炎」無疑。面對結果，我反而釋然了，我不預設立場，到底是生是死，是走是留，無論怎樣，我都欣然接受，凡事謝恩。

一天晚上，在經歷了繁瑣而痛苦的治療之後，我沉沉睡去，進入了夢鄉。在夢裡面，我隱隱聽到一個聲音，一遍遍地呼喚我的名字，就像聖經故事中上帝呼喚撒母耳一樣。

我聽到那個聲音說：「我就在你的身邊，我會顯示給你看。」然後，一串數字出現在了我的眼前，而在數字出現的同時，我也醒了過來。我知道宇宙萬有向我傳遞訊息。雖然我無法解讀訊息的內容，但我心裡有種踏實的安全感，我知道我是被關愛、被保護的。

我配合醫生進行著按部就班的治療，過程雖然很痛苦，但我奇蹟般地一天天好起來，連醫護人員都覺得我的復原速度驚人。咳嗽、發燒的症狀很快就緩解了，其他的病症也沒有再出現。

直到有一天的下午，我聽到病房廣播在通知，我可以出院了。我換下病服，一抬眼看了下病歷表上的日曆，赫然發現，那日期竟就是在我夢中出現的那一組數字！

我熱淚盈眶，那種感覺，彷若重生。

當我們用樂觀和感恩的態度去接納自己的生命狀態的時候，整個能量就改變了。身體充盈的正能量會自然地吸引恩典來到你的生命當中，命運或許也會因此發生翻轉。

我一直覺得，復原的奇蹟之所以發生，緣於我對現實的接納與感恩。在患病的時刻，我用感謝和愉悅的心情，完完全全地接受了發生在我身上的一切，我對每一個我愛的人做了溫暖的告白，於是，即使等待我的是生命的盡頭，我亦無憾、無悔、無懼了。

現在，問一問自己，對身邊的人還有什麼沒有說完的話：是對不起，我愛你，謝謝你，或者是我原諒你？如果今天就是你的最後機會，那些埋藏在心底的話語，請給一次溫暖的告白。**Right now or too late**，就是現在，好好把握吧！

Ch4 練愛筆記：安安老師的家族敘事

14 那些未被言說的傷痛

生命，在自己的沙灘上，留下深深淺淺的腳印。父母一代又一代地牽著自己的孩子走來。遠行的子女啊，可曾追溯過上一代的腳印，看看那裡曾有過怎樣的痕跡？

那些被風吹散的沙，那些有過的足跡，即使都已模糊不清，但都墊著後人的步履。這些「足跡」，是祖輩在我們身上留下的印記，它就流淌在我們的血液裡，深埋在我們的基因裡。

其實世事循環，今日你的「果」，必定有上一輩的「因」。家族就像是一顆大樹，枝枝椏椏血脈相連，難分難離。家族的歷史和故事，牽連著我們今生的命運。

生命故事的訴說

接觸過心理諮詢的人們都知道，會談前會拿到一份表格。這份表格除了讓你填寫自己的基本資料、目前的情緒狀況，它還有一個特別之處，就是要你填寫原生家庭（也就是成長家庭）的狀況。

家庭關係好似一幅層層相連的樹狀圖。主幹是祖父母和外祖父母，他們分別衍生出父母親，父母親又衍生出了你和兄弟姐妹。原生家庭背景對於一個人的性格非常重要。原生家庭帶來的影響，就像樹根一樣深扎在我們的潛意識裡，影響著我們的思維模式、行為模式、溝通模式等等。原生家庭一代影響著一代，如果你有一些陳年心結、鬱積困局，不妨嘗試探索原生家庭的模式。

這也是一種自我訴說。它就像我們在自己的生命沙灘上拾貝殼。它不僅是對我們過去的一種回顧檢視，同時也能給看的人帶來一些反思，一份靈感，一段領悟。或許你能對照一下，自己的生命裡是否也有過這樣的貝殼，然後拾起來與我共度。這就要從我的祖父母說起了。

未被言說的傷痛

十九世紀三、四十年代，中國大陸的天空被火光映得通紅。中日戰爭如火如荼。漫漫戰火中，經濟蕭條，人心惶惶，到處瀰漫著「過了今天不知是否還有明天」的氣味。

祖父祖籍山東，從小家境貧寒，中學畢業後便參了軍，多年來走南闖北地征戰四方，一路倒也升到了營長的位置。祖母祖籍湖北，是家境殷實的千金小姐。她們家在湖北開了全省最大的錢莊，生活富足無憂。在那樣動盪不安的年代，祖母的學業還能一路念到大學畢業，著實不易。

但是，象牙塔般高築的夢幻生活，也能在一夜間被擊得粉碎，所有的憧憬都成泡影。日軍占領了祖母家的大宅，燒殺搶奪的刀光劍影，女人們血淚模糊，衣袂碎落，成了一段極為屈辱的歷史。那怵目驚心的慘劇，是那樣明晃晃鐵錚錚地敲落在祖母的身上。跟那個大時代裡車載斗量的女人一樣，祖母被日本兵輪暴了。

而那時，英雄救美地把我祖母從水深火熱中救出來的，正是我的祖父。在那個年代裡，女人的貞操與名聲等同於跟性命捆綁在一起的。所以那時，當祖父說他願意娶祖母為妻，一輩子保護她、照顧她，可以想見一身是傷的她有多感動。就在祖父營救了她之後，兩人很快就成婚了。

在戰爭年代裡，沒有什麼是不可能的。很多戰時情侶會因一時的激情，或是沒有明天的恐懼絕望，就今朝有酒今朝醉地很快結合。顯然，我的祖父、祖母也是這樣的情況。他們都是千瘡百孔的人，尤其是我祖母。

因為曾被日本兵淩辱，祖母患上了嚴重的性病，沒法醫治，迫不得已必須拿掉子宮。那真是一個令人痛心的悲劇，一個女人當母親的機會，就這樣被硬生生地剝奪了。

長達八年的中日戰爭後，又迎來了國共內戰，祖父、祖母婚後的生活也隨著戰場的轉移，像浮萍一樣顛沛流離，奔波逃難，過得異常艱苦。最後他們跟著國民黨坐船來到了台灣，這最後一塊寄託希望的陸地。他們在台灣安定下來後，便托人在鄉下尋了一個農家養不起的孩子，領養了當作自己的親生兒。這個孩子就是我的父親。

人說患難見真情，但患難，也「掩蓋」了真性情。當生活逐漸在台灣安定下來，耳邊沒有了轟隆的炮彈聲，夜裡也不會被警報和火光驚醒，身邊，卻多了一把爭吵的嘴，一雙怎麼看都不順的眼。祖父、祖母因戰難而結合，在亂世中彼此相依，但卻在餘下的靜好時光中，發現了彼此的諸多不合。重重疊疊的矛盾衝突，沒日沒夜的冷戰藐視。

據父親的回憶，他們從年輕時就是這樣了。家只是個旅店，除了工作時間，他們通常不待在家，各自流連在牌友家中的麻將桌上。他們的婚姻，實在乏善可陳。

傷口裡開出一朵刺薔薇

時光的巨輪裹挾著一切，轟隆隆地滾過了。洪流一去不復返，一同沖走的除了青春，還有夢想、願景、一切美好的東西。也許在那些慘烈悲戚的日子裡，心就已經徹底地撕裂成無人拾遺的碎片。

我相信，祖母在年輕時受到的那些創傷，在她的心靈裡一定鑿開了一個非常巨大的洞。洞口一輩子都沒能癒合，冒著腐臭的黑煙，滲著絲絲的血跡，在夜裡哀鳴。

在那個年代裡，轟隆的炮火和難以維持的生計，祖母沒有機會去處理自己的傷痛；她也沒有專業知識去了解，這些傷痛一輩子殘留在心裡會造成怎樣的影響；更別說周遭的氛圍不允許她這樣做了，這是國人不堪回首，甚至諱莫如深的恥辱。所以祖母只能獨自把痛苦壓抑了下來。

但這樣的壓抑，在她的體內發酵成了更大的負能量。祖母給人的感覺，永遠是充滿憤怒的。她時常目露火光，絮絮叨叨地埋怨，甚至激動時歇斯底里地謾罵，好像任何人做任何事都不遂她的心意。祖母終日浸泡在自己憤怒的囹圄裡，沒人能把她救出來。我想這都跟她過往的創傷經驗有關。

不知那些慘烈的往事，多年後是否還會入她的夢魘？

一方面，這些傷害，使她的自我價值起了很大的矛盾衝突。原本一個玉潔冰清的大家閨秀，一夜間變成了日本兵的慰安婦，毫無尊嚴地任人欺淩，我想這是換作任何一個女性也難以承受的殤。

另一方面，對比年輕時富裕無憂的生活，一個出身錦衣玉食，又是高級知識份子的千金大小姐，應該斷斷不會料到，自己一生的命運是下嫁給一個一窮二白的中階軍官，最後跟著他離鄉背井、顛沛流離吧？她鬱積了很多很多的不滿，這些不滿，最後都醞釀成了憤怒。

解開未完結

在我三歲的時候，祖母就因癌症過世。我七歲時，祖父也因病辭世。所以，我們彼此相處的時間非常短暫。直到後來修讀了心理學，我才知道，在我的原生家庭裡，祖父祖母這種糾結的關係，是沒有被處理的。或者用心理學的術語來說，這是一件未竟事宜。

在一個月明星稀的靜夜裡，他們入了我的夢。我在睡夢中醒來後，提筆給他們寫了一紙信箋。

親愛的爺爺奶奶：

今夜睡得不沉，原來是對你們的不捨。

很疼吧，在那樣的年代。戰爭把人帶進了最不堪的存在，有好多的傷、好多的痛，在你們身上，在你們心裡，在你們的靈魂深處。我們相聚的緣分如此短暫，短短的三到七年，一個孩子怎麼會明白你們的痛、你們的傷？

過河卒子，棋局已定，這不是你們的錯。

上天啊！如果可以，請代替我給你們一個深深的擁抱。如果可以，請代替我耐心地聆聽你們的恐懼與苦痛。如果靈魂不滅的話，請成全一個孫女的願望，以愛來治癒我的至親，請讓你們幸福安寧。寬恕，放下，愛與被愛，是解脫的唯一出路。

親愛的爺爺奶奶，這趟通往天堂的旅程，請你們一起手牽手，慢慢走。一路上，別再抱怨爭吵，只能說相親相愛的話，彼此寬恕，彼此關照，彼此體諒，相濡以沫。

請你們接納生命裡已經過去的冬天與黑夜，溫暖和光亮會在需要的時候降臨，只要你們願意敞開心胸接受，這是上天給每個人的禮物。請這樣做吧，因著愛我的緣故。

想念你們的　安安

落筆瞬間，滿屋寂靜，時間流動的滴答聲縈繞在耳。

我心哽咽。

我想，也許是上天的安排，讓我成為一個心理學家，讓我有機會能夠重新陳述在他們有生之年沒有被處理的傷痛，協助他們修復未竟事宜，好讓他們把這趟旅程走得圓滿安心。

親愛的朋友，如果你的家族裡還有未竟事宜，也許你可以像我這樣，給已經過世的長輩寫一封信，試著跟他們說說話，以慰他們在天之靈。我相信在世上的你，和在天上的他們，會同樣地感到安慰，感到被愛。

心誠則靈，現在就行動吧！

〔練愛語錄〕

上一代的過犯，可以成為下一代的祝福。

原生家庭所給的傷痛，願能成為你的提醒，

不再重蹈覆轍父母的模式，

讓孩子在純然的愛中，與你，

一起長大。

15 那些未解的情意結

生命的甜蜜裡，總是參雜著苦澀。像胎菊馥鬱的芬芳滿盈屋子，茶水淺啜，口有餘香；可當你滿心歡喜，朝那泛開的花骨朵兒一吮，吸到的卻是澀澀的苦。也許這就是生活的本質，苦澀中帶著芬芳。

向來都是讀別人的故事，思考自己的人生。翻開手邊的一卷卷論文案例，我們可以藉由對這些個案生命歷程的探索，看看別人的處理方式，也問問自己，若是遇到類似的狀況會怎麼做。我們的生命，也因共鳴而變得更加豐盈。

我們的生命歷程裡包含著家族史，這通常從祖父母、外祖父母那一代開始往下延伸。這個故事的主角是我的外公。

戲劇性的開頭

外公含著金鑰匙，出生在一個家世顯赫、家業雄厚的大院裡，集三千寵愛於一身。他的父親，也就是我的外曾祖父，是當時國民黨裡的大將軍，手握重權。外曾祖父一生共娶了九個太太，而我的外公，便是他大老婆的長子，地位跟以前皇朝裡的太子身分一樣，受寵程度可想而知。

外公從小便養尊處優，捧在手心怕掉了，含在嘴裡怕化了，基本沒受過責備打罵。無論做錯什麼，他都不會受到任何處罰。所有人都非常順著他，盡力去滿足他的需要，即便是非常不合理的要求。

外公也接受了非常好的教育，念到了大學畢業。在他大學的時候，他的妹妹帶了她的閨蜜回家。外公對妹妹的同學一見鍾情，兩人很快便墜入愛河，結婚了。往往最美的玫瑰帶著最扎人的刺。婚後的生活就像戲劇一樣跌宕起伏，充滿情緒化的張力。

他們兩人都來自十分優異的家庭，各自有著出色的學歷，自然也都心高氣傲。外公年輕時英俊瀟灑，外婆也是麗質天成，他們分別是學校裡的校草和校花。所以這樣的高富帥遇上白富美，擦出火花的同時，少不更事的他們也免不了碰撞出諸多矛盾。

據其他長輩的描述，他們的相處極富戲劇張力。他們兩人都想當老大，彼此都想控制對方，所以遇到意見不合時，常常大打出手，大戰三百回合。分開幾天後又十分想念對方，相見時激動的又抱又親，可是沒幾天又打起來了。

這樣驚心動魄的套路在不斷循環回演，他們也在這段婚姻關係裡愛得死去活來，彷彿十分享受這種分分合合的折騰，樂此不疲。

他們在這個情緒化的婚姻裡，生下了兩個孩子，老大是我的母親，老二是我的舅父。

意外的結局

有句話說，明天和意外，不知哪一個先來。在我母親小學的時候，一場車禍，把外婆帶離了人世。

失去了另一半的外公，猶如被掏掉了一半的靈魂，剩下的那一半也變成了行屍走肉。他覺得，世界上再也找不到另一個女人可以跟他的妻子匹敵了。

大部分的女子跟我外公相處，都處於弱勢的位置。然而，外婆不但擁有美貌，聰明伶俐，更重要的是她那股天不怕地不怕的潑辣勁兒，跟氣焰盛大的外公對上，綽綽有餘，難得有個女人能跟他抗衡。所以外婆走後，外公傷心欲絕，開始天天借酒澆愁，而且這個酗酒的習慣伴隨了他的餘生。

原本他們跟著國民黨自大陸撤退到了台灣，就在台灣的南部落腳定居了。外婆過世後，外公隻身帶著我的舅父來到台北生活。也許他想找個地方重新開始，忘掉過去的一切吧！

但回憶是一個關不緊的水龍頭。那點點的水滴，看似微弱，卻能穿石。

童年的舅父幾乎都一個人待在家裡，等著父親回來。而父親對於他，彷彿就是那扇永不被推開的門。外公常常夜不歸家，夜夜笙歌，企圖用酒精來麻痺自己對亡妻的思念。所以舅父常常獨自孤零零地在家等著。舅父不僅缺乏母愛，身邊沒有任何女性照顧他、給幼小的他提供安全感，甚至連父愛對他來說也是稀缺品。

相比，我的母親就幸運多了。她繼續留在南部的家裡，跟她的爺爺奶奶，也就是我外曾祖父母一起生活。據我母親的回憶，外公極少會來南部看望她。但她卻感覺她的童年裡滿滿地都是愛，因為她的爺爺奶奶把全部的愛，都放在了留在身邊的孫女身上。她的祖父母取代了父母親的角色和功能，她幼小的心靈也相對得到了慰藉。

拿什麼來守護我們的家？

後來，外公再婚了。我的小阿姨和小舅舅，就是他跟姨婆的兩個孩子。

蘇軾有「十年生死兩茫茫，不思量，自難忘」那樣的詩句。外公會在我去看望他的時候，一邊喝著酒，一邊端詳著外婆的照片，對我說：「安安，妳看妳的外婆多麼漂亮。」而這時我的姨婆就在一旁做著家務。

姨婆她知道這一切，她知道外公多麼留戀他的亡妻，念念不忘一個不能回生的人，但她依然選擇留在他的身邊守護。她深愛他，愛到願意為他忍耐這一切，以致自己願意遙遙無期地等待一份明知永遠都等不來的愛。

我的小阿姨和小舅舅也經歷著同樣的煎熬。雖然父親近在身邊，但是父愛的距離卻好遠好遠。

有時我們覺得，在孩子面前忍讓妥協是一件好事，是為了孩子的成長，家庭的完整；但這樣忍讓的後果，可能會讓孩子對「家」感到失望。作為母親，忍讓是想讓孩子覺得：爸爸沒有錯，我們依然要愛他。但孩子是天生的觀察家，他會敏銳地察言觀色。他會看到，媽媽永遠是受欺的，處在低下的位置；爸爸永遠都是權威的，毫無反駁的餘地。孩子心裡會對爸爸的強勢和媽媽的軟弱感到憤怒，也易對婚姻產生不信任感。

我們經常看到這樣的案例：弱勢的一方越想極力忍耐去維持這個家，孩子的怨懟就越深。而這樣也會造成孩子的自責，覺得一切都是「為了我」，可能導致孩子出現自卑或攻擊的傾向。

如果有來世

什麼是情意結？簡單來說，就是一種愛恨交織的感情。在外公的家庭裡，四個孩子對他的愛恨情仇，就是一種「情意結」。

外公對於家人的冷漠疏離，讓我的媽媽、舅父，還有小舅舅、小阿姨，對於父親的感情渴求，不斷地糾結翻滾，沸騰成滿腔怨怒卻又無處安放。

比較慶幸的是，媽媽自己發現了這件事。她想得到父親的愛，但是這個期待一直沒有被滿足，所以這種失落感和羞愧感，就發酵成了對父親的怨恨。這樣的情況，在媽媽有了信仰後，有了很大的改善。她決定放下怨恨，回歸到內心最純淨本初的感受，承認自己其實非常愛她的父親，也非常需要父親的愛。她選擇原諒，重享親情天倫。

她跟外公和好的時候，外公還有能力表達自己。那時外公剛患上運動神經元疾病，又稱為漸凍症。

人的神經元分成兩種，一種是運動神經元，一種是感覺神經元。漸凍人接收感覺的神經元沒有壞死，感官沒有受到影響，運動神經元卻慢慢地萎縮。通常是從四肢開始往腦部走，全身肌肉逐漸萎縮，後期連肺部的呼吸功能也會失去，最後就只剩下眼睛可以動。漸凍人能感受到外界的刺激，卻無法作出反應，就像是靈魂被禁錮在冰凍的軀殼中一般。患者的痛苦在於，他們的感覺神經元完好無損，但全身絕大部分的功能像蒸發了一樣。也就是說，他還能聽得到、看得到、聞得到、感受得到，但就是動不了。

外公從開始發病，到全身癱瘓，只剩下眼珠可以轉動，共經過了七年的時間。他無法動彈、無法言語，即使他是有意識的。

當外公生病以後，我的母親時常陪伴在他的身邊。但是其他孩子的心裡，對這個父親還是有著怨懟，特別是我的小阿姨。小阿姨長期在歐洲，很久沒有回家。她對爸爸嗤之以鼻，不願意表示任何情感聯繫。

兩年前，外公的肺部積水感染，醫生說，如果這一次不打算急救，那就讓他走吧。他在病床上度過了七年的時光，這對他來說，其實是一種受苦。這種折磨，也應該是時候到頭了。

在這時候，母親問我：人有來生嗎？

我跟她說：「媽媽，我知道你們心裡放不下的，是那份對父親愛恨糾纏的情意結。「其實，讓一切回歸平靜的最好方法，是讓我們把這件事情完結。我們就不再在這種愛恨交織裡糾結，因為我對你的怨放下了，恨放下了，我們之間是一份純淨的愛。這樣才能回歸到原本純粹的心。

「如果人有來世，這輩子我欠你的，下輩子就輪到我還你。人就在這生生世世的輪迴中，欠債還債。你們還想要繼續這個循環嗎？那可能下輩子輪到你們成為不負責任的父親或者母親，外公成為你們受苦的兒女而已。」

最珍貴的禮物

於是，媽媽打了電話給我的小阿姨。

「我希望妳回來作個告別，任何不滿、委屈，都應當在這一次做個了結。如果就這樣讓爸爸走了，妳心裡也帶著那股怨恨，爸爸不會安心地離開，妳心裡也不會好過。我希望妳不只是見他最後一面，要把妳放在心裡從來沒有對爸爸講過的話，勇敢地說出來。」

醫院發了好幾次病危通知，兩個舅舅相繼來到外公的床前，對自己的父親做了告白與和解。媽媽告訴外公，一定要撐住，等到小阿姨從歐洲回來。

在外公走的那個晚上，小阿姨回到台灣來了。

她終於來到他的病床前，跟他說了那些她從來都不曾說過的話。

「爸爸，我從小就希望你在身邊。但是我回到家，總感覺不到你的存在。我羨慕同學的爸爸會在放學後來接他們，參加他們的畢業典禮和生日會。但我從來沒享受過這些。我的心裡有無限的委屈。當我得不到你的愛，這種失落感讓我更恨你。

「爸爸，讓我們之間都沒有遺憾，我願意原諒你對我做的一切，我仍然愛你，就讓這些一筆勾銷吧。你沒有遺憾地去另一個世界，我也沒有遺憾繼續我的人生。」

當外公聽完她說的話時，他那早已無法動彈的嘴角，竟然出現了一絲微笑。在微笑的同時，他的眼睛滴出了眼淚，旁邊的心跳監測器出現了靜止的終線。

「爸爸走了，就在聽完我要對他說的話之後。」

當小阿姨對外公說完原諒你、我愛你的時候，這一切的恩怨、一切的痛苦都過去了。這兩個人都沒有遺憾地往前走，外公帶著被寬恕的安寧去到了另一個世界，而愛的力量留在了小阿姨的心裡。小阿姨深受感動，她一直以為父愛遙不可及，卻發現，父親把最後一面留給了她，並且給了她一個最珍貴的禮物，就是臨走前的那一個微笑。

親愛的，如果你的生命中也有著難解的情意結，請與它和好吧！解鈴不需繫鈴人，只要你願意放下，願意原諒，願意再次以愛相待。鬆開糾結的兩顆心，彼此才有空間創造生命的美好。

因為愛，我願意。

〔練愛語錄〕

放下不等於放棄，
只是欣然接受一切人事物的發生，
能容納，心便寬，
心寬了便能無是無非，清淨輕安。

（後語）怎樣叫作愛自己？

我認為的愛自己，是接納自己的所有狀態。無論有什麼樣的情緒，處於什麼樣的環境，都能夠予以接納。愛自己並不是盲目地認為自己的一切都是完美的，你可以看到自己真實的樣子，但你仍然可以接受並擁抱自己，而不是貶低、掙扎或逃避。

這也許有點類似於父母對子女的愛，就算子女長著癩痢頭，父母不會假裝孩子沒有癩痢頭，而是覺得帶著癩痢頭的孩子依然很可愛。愛自己的人，能夠接受自己的真實狀態，同時也願意去改變。接受和改變並非兩個不相融的極端，而是可以同時存在的兩個狀態。就像一個人既有陰性的一面，也有陽性的一面，陰陽都是我們的一部分，是可以同時存在的。

愛自己就等於自私嗎？

愛自己等於自私，這是一個常見的誤區。這是把愛自己與「唯我獨尊」混淆在一起，導致讓人覺得愛自己是不好的。但真正的愛自己，是接納自己的需求，同時也能接納他人的需求。

在東方尤其是中國，傳統會灌輸這樣一種觀點——人應該不斷地去付出，嚴以律己寬以待人，卻沒有如何愛自己的教育。人人都有被愛的需求，當我們自己沒有辦法愛自己時，就一定會變本加厲地向他人討愛。

親密關係裡有一種常見的情況就是——一方在關係裡不斷地付出，同時對伴侶有很多的期待。當期待沒有得到滿足，或者對方表現得不夠愛我們的時候，就會感覺非常失落，會抱怨：「我已經付出了這麼多愛給你，你為什麼不愛我？」對方活在這樣的關係中，也會覺得很累。雖然表面上他接受了你很多的愛和付出，但這些都是需要回報的，回報還必須是符合付出者期待的方式。

要跳出這個困境，比較好的辦法是先學會自己愛自己，自己先滿足自己的部分需求。在我們內在相對滿足的狀態下，才能夠以一種對方感覺輕鬆的方式去愛對方。

所以愛自己不是自私，反而是一件雙贏的好事；對於「不愛自己的人，也沒辦法真正去愛別人」這句話，我覺得也可以改一改：「如果你不愛自己，你還是可以愛別人，只不過你的愛可能會容易讓對方感到疲憊。」如果想要一份比較輕鬆自然的親密關係，那麼請先學習去愛自己。

如何去愛自己的陰暗面？

有時候，我們習以為常的語言會把事物妖魔化，比如說「陰暗面」。我比較喜歡英文的說法，它被標為「影子」（Shadow）。「陰暗面」聽起來太沉重，會讓我們避之唯恐不及，而「影子」就中性得多。我們每個人都有影子，當走在陽光或路燈下，你會看到它。無論你喜不喜歡，它都是你的一部分；就像我們某些內在的特質，不管你是否喜歡，它也都是我們的一部分。

再打個比方，同一道菜，你戀人做出來的可能沒有餐館大廚做出來的好吃。僅從味道來看，它也許是差勁的，但你仍然會喜歡它，因為這道菜裡面有你戀人對你的珍惜和愛。

我們的某些特質，無論是懶惰、好色或憤怒，也許從道德評判標準來看，會被評價為「壞的」、「差的」，但這些特質，其實是在提醒你，你在某些地方曾經有傷，你的有些需要未被滿足到。

就像有的人看到漂亮的女性可能覺得特別嫉妒，同時又覺得這種嫉妒很糟糕。這時候，不需要去逼自己「不要嫉妒」，而是嘗試去看清嫉妒的源頭——那有可能是從小到大被人說醜，被讚美外貌的需求一直沒有得到滿足。這個時候，你可以通過去請教別人怎麼打扮去變漂亮；也可以嘗試站到鏡子前面，去發現自己身上美的地方，通過這些方式去滿足自己這方面的需求。

在陽光最猛烈的正午，我們反而看不到影子。所以影子特質的出現，只是提醒你把光線調亮，給予自己更多的愛。愛就像光線，光越強烈，影子反而會變淡甚至消失。

無法停止批判自己怎麼辦？

社會的一般觀念是：批判或者指責會迫使我們改變。以前我在某件事情沒有做好的時候，也會批判自己。但事實上，批判會使我們更沒有力量去改變，會弱化我們改變的動力。

當陷入自我批判時，可能會有兩個反應，一個是「好吧，我要改」，同時會發現自己並沒有相應的力量去改變，會覺得想改但改不掉；另一個反應是自暴自棄，「既然已經這麼爛了，那就爛下去好了」。後來我學習心理學，嘗試去覺察，去接納自己，慢慢地改變的力量就回來了。

如果你想改變，發展自己的自我覺察很重要。如果把自我批判比喻為一個洞，沒有自我覺察的情況下，我可能掉進洞裡很久才發現又在做自我批判；有了覺察後，剛掉進洞裡就能意識到，可以更快從洞裡爬出來；自我覺察再發展，會能提前發現洞的存在，然後就會學習繞開洞走。這是一個循序漸進的過程。

童年缺愛，如何學習愛自己？

從精神分析的論點來說，我們五歲前的遭遇，決定了成年後的性格。但我認為，人之所以與眾不同，是因為人有能動性，不管早期的環境把你塑造成什麼樣子，你仍然可以藉著練習，慢慢地調整和干預。

我可以舉一個自己的例子：由於我是家裡的長女，父母在我小的時候比較強調規則和獨立，漸漸養成了獨立的性格。以前當我遇到一些不夠獨立、依賴性比較強的人時，會感覺到排斥和不以為然。如果問我為什麼會排斥，我可能只會說：「因為獨立是美德。」

當我慢慢去了解自己後，發現這種排斥的背後，其實有一種羨慕和嫉妒的情緒，羨慕別人可以由父母或者伴侶打點好一切。後來當我再次面對類似的情境，當發現內心有批判的情緒時，我就會問自己——是不是這個人喚起了我內心很渴望被照顧、被保護的需求？我可以給自己什麼樣的支持來感覺到被愛和被照顧？於是，我可能會給朋友打電話，讓對方請我吃飯，滿足自己想要被照顧、被愛的需求。

所以，當我們內心有強烈的情緒時，可以嘗試把關注點從外部轉回內在，嘗試看清情緒背後的真實需求，然後自己不斷地去滿足內心的需要，或者邀請那些愛你的人來幫助你。我現在對於不獨立的人，覺得越看越順眼，甚至覺得當米蟲也是一件非常好的事情。

生命有很多樣貌，我們既可以享受獨立時的狀態，也能夠享受依賴他人的幸福。

如果我過得很好，還要另一半做什麼？

以我自己的經驗，這麼說的人，可能以前在親密關係中的體驗不是太好。所以他認為，如果單身也能夠過得很好，就可以完全不需要親密關係。

獨身和結婚是兩種不同的生活方式，沒有對錯好壞之分，只要你覺得快樂就好。重要的是，你是因為享受獨身的狀態而獨身，還是因為恐懼親密關係裡糟糕的部分而選擇獨身？因為糟糕的往往不是親密關係本身，也許只是相處模式出了問題。

在一段健康的親密關係中，你可以愛自己，也可以愛你的伴侶，擁有一段輕鬆的關係。如果你只是出於恐懼而選擇獨身，那我建議可以再給自己一個機會，審視以前關係中的相處方式，然後在下一段關係中去調整修正，而不是徹底放棄或迴避。

愛自己與愛他人發生衝突怎麼辦？

在關係中，當我們愛自己與愛別人發生很大衝突時，有可能是因為彼此個性很不相合。比如一個人喜歡去夜店玩，一個最喜歡宅在家；一個喜歡冒險，一個非常保守。

這些性格上的巨大差異，就會使磨合的過程變得比較辛苦，會產生愛自己與愛他人之間的衝突。

我們常說「無條件的愛」，然而無條件地愛他人，這本身是一件非常困難的事情，也是我們一生要去學習的功課。即使父母對孩子的愛，都很難是完全無條件的。但是我們可以先找一個相對契合、欣賞的人，先從有條件的愛開始，慢慢培養出無條件的愛。所以在選擇交往對象時，我們可以先找一個個性比較契合的人，不容易產生太大衝突，就會更容易在有條件的愛的基礎上練習無條件的愛。

如果你已經跟一個性格差異很大的人在一起，怎樣可以降低衝突呢？有位老前輩對我說：在婚姻裡，很重要的就是你能夠接納對方，尤其是接納對方的不完美；同時，也接納自己的不完美之處。

打個比方說，你愛吃辣，而對方愛吃甜。首先，你接納自己愛吃辣這個需求，同時也能接納對方愛吃甜的需求。在接納的前提下，兩個人可以坐下來心平氣和地商討一個雙方都能接受的解決方案，這個方案可以是點一碗辣的，一碗甜的；也可以這頓吃辣的，下頓吃甜的。在接納彼此需求的基礎上，雙方會更容易達成一致。

伴侶個性不合，該磨合還是該分手？

在現代社會，因為離婚很容易，放棄承諾的成本也很低，所以現在離婚率很高；而在以前，因為離婚成本很高，大家會更傾向於忍耐。

有一個很奇怪的現象：大家曾經以為，當人們在婚姻中沒有選擇的時候，比較不快樂；其實從統計結果來看，以前的人跟現在人的快樂指數差不多，甚至以前的人還更快樂一點。為什麼更自由、擁有更多選擇的現代人，反而會更不容易快樂呢？

正是因為現代的婚姻可以說離就離，導致我們不願意去改變自己，只希望別人配合我們。比如說，曾經你只想找個高富帥，相處中可能發現對方性格內向；於是，下一個對象你可能會找一個性格外向的人；後來你又嫌性格外向的人太毛躁，最後又想要一個成熟穩重型的。我們心目中理想伴侶的條件會一直變換，會執著於想讓另一個人完全契合自己的需要。而在以前的婚姻關係裡，由於離婚代價高昂，你無處可逃。沒有辦法的情況下，你只好改變自己，反而會使婚姻比較長久。

所以對於是繼續磨合還是分手，這個問題沒有標準答案。如果你已經做出承諾了，並且跟對方達成共識，要待在關係裡繼續學習磨合，這很 OK；如果你要離開這段關係，去找一個更契合的人再磨合，也OK。我們需要跳出這個問題，去看更本質的東西。

我們需要看到：在這段關係裡，我們願不願意變得更好。因為兩個人再怎麼樣契合，一定會有不契合的點，所以相互磨合這個坎，一定是你遲早需要面對的。

最後，你還是要把目光收回到自己身上，學習去接納，學習去共同創造。

〔迴響〕

打開你的智慧大門

千呼萬喚始出來，安安老師終於要出書了。在我們心中，安安老師是天使一樣的存在，每個聽過安安老師節目的聽眾，都深深地愛著這個美麗的心靈守護者。

我是安安老師的一名普通聽眾，從今年三月偶爾聽到她的節目，作為粉絲的我，看到一個讓人受益無窮的節目被越來越多的人知曉和接受，心中甚是欣慰和喜悅。

相聚便是緣，和很多聽眾一樣，我和安安老師的緣分始於我人生最無助的時刻，安安老師像從天國來的帶著光芒的天使，用溫柔而有力的雙手，把我從自己的心靈地獄裡拉了出來。

那時的我，事業和感情雙雙受創，迷茫和恐懼占據了整個心靈。像一葉扁舟漂浮在人潮人海中，迷失在別人的想法和外界的信息中，不知「我」為何物。是安安老師讓我從極度煩躁恐懼中安靜下來，她的話語像古佛寺廟裡的鐘聲一樣，悠遠寧靜、發人深省。她不是意見領袖、她不傳播觀點宣揚是非，她是精神引路人：不告訴你答案，卻指引你找到答案。

以前我的人生觀和價值觀就像平地而起的房子一樣，雜亂無章搖搖欲墜，安安老師不是為我的房屋添磚添瓦，而是給了我房屋的根基，扶正了房屋的脊樑。我花了大概三個多月的時間跟著節目修行，每一天都能看到自己的成長。

首先學會的是愛自己。生活中的老好人，沒有主見、不懂拒絕、逆來順受、選擇困難、受虐傾向、羨慕嫉妒、自尊心太強，自憐、自卑、自傲等等情緒和行為，看似多種多樣，追根溯源，都是自己不夠愛自己造成的。然而安安老師並沒有單獨講解某些問題，而是花了好長的時間來講問題的本質：如何無條件地愛自己，欣賞、鼓勵、讚美自己，不論外貌、財富、地位和其他，只因我們存在於這個世界，而深深的愛自己。

經過不斷的練習，曾經那顆滿是創傷、一擊就碎的玻璃心，慢慢變得結實柔軟而有彈性，才恍然大悟，原來那曾經的種種問題，皆是因為我不相信自己，卻依賴別人來愛自己所導致的。

其次是和家人的關係。由於成長過程，我和父親兩個人只要開口講話，就是抬槓和爭吵。安安老師沒有簡單粗暴地說「要去理解父母，關心父母」這些話，她讓我們用冥想的方式，在心裡跟重要的人和解，原諒自己也原諒父母，把過去的一切都徹底放下，才能與父母建立新的關係。

把父母看成朋友，而不是權威，就不會被他們的一些言語傷害；學會了愛自己，就更加明白對自己的肯定應該來自於自己，而不是父母。我後來專門回了一趟老家，不帶任何情緒和偏見地看著父親，才真正理解了他的苛責是因為愛；他也不是個完美的人，他不該過分要求我成為完美小孩，而我也不應該要求他做個完美父親。放下了對完美父親的期待後，就能接受他的過錯，從心裡把怨恨變成了愛和理解。

安安老師不是開藥方的醫生，哪裡痛貼哪裡；她是心靈啟蒙老師，為你打開任督二脈。如果你內心糾結於過去，而常常怨恨、悲傷、自責和後悔，或者你對未來迷茫焦慮，不知道人生要追尋什麼，再或者你不懂如何與自己、親人、朋友、愛人相處等等，安安老師一定會指引你，挖掘到自己的智慧之源，打開你的智慧大門。

王曉霞

國家圖書館出版品預行編目 (CIP) 資料

來練愛吧：心理學家的心靈處方，讓你鬆開糾結，安心去愛 / 趙安安著. -- 初版. -- 臺北市：商周出版：家庭傳媒城邦分公司發行，2016.09
面； 公分
ISBN 978-986-477-091-5(平裝)

1. 成人心理學 2. 兩性關係

173.3 105015451

來練愛吧

心理學家的心靈處方，讓你鬆開糾結，安心去愛

作　　者　趙安安
企劃選書　徐藍萍
責任編輯　徐藍萍

版　　權　翁靜如、吳亭儀
行銷業務　莊晏青、王瑜
總 編 輯　徐藍萍
總 經 理　彭之琬
發 行 人　何飛鵬
法律顧問　台英國際商務法律事務所羅明通律師
出　　版　商周出版　台北市 104 民生東路二段 141 號 9 樓
電話：(02) 25007008　傳真：(02)25007759
E-mail：bwp.service@cite.com.tw　Blog：http://bwp25007008.pixnet.net/blog
發　　行　英屬蓋曼群島商家庭傳媒股份有限公司城邦分公司
台北市中山區民生東路二段 141 號 2 樓
書虫客服服務專線：02-25007718　02-25007719
24 小時傳真服務：02-25001990　02-25001991
服務時間：週一至週五 9:30-12:00　13:30-17:00
劃撥帳號：19863813　戶名：書虫股份有限公司
讀者服務信箱 E-mail：service@readingclub.com.tw
香港發行所　城邦（香港）出版集團有限公司　香港灣仔駱克道 193 號東超商業中心 1 樓
E-mail: hkcite@biznetvigator.com　電話：(852)25086231　傳真：(852)25789337
馬新發行所　城邦（馬新）出版集團 Cite (M) Sdn Bhd
41, Jalan Radin Anum, Bandar Baru Sri Petaling, 57000 Kuala Lumpur, Malaysia.
Tel: (603) 90578822　Fax: (603) 90576622　Email: cite@cite.com.my

封面設計　張燕儀
封面攝影　陳琳嘉　　特約行銷企劃小組：莊婷惟、陳琳嘉、林羿伶
印　　刷　卡樂彩色製版印刷有限公司
總 經 銷　聯合發行股份有限公司　新北市 231 新店區寶橋路 235 巷 6 弄 6 號 2 樓
電話：(02) 2917-8022　傳真：(02) 2911-0053

■2016 年 9 月 8 日初版
定價 260 元

城邦讀書花園
www.cite.com.tw

Printed in Taiwan

　ISBN 978-986-777-091-5

商周出版

廣 告 回 函
北區郵政管理登記證
北臺字第000791號
郵資已付，免貼郵票

104　台北市民生東路二段141號2樓

英屬蓋曼群島商家庭傳媒股份有限公司城邦分公司　收

請沿虛線對摺，謝謝！

商周出版

書號：BU7050　書名：來練愛吧　編碼：

請於此處用膠水黏貼

商周出版

讀者回函卡

謝謝您購買我們出版的書籍！請費心填寫此回函卡，我們將不定期寄上城邦集團最新的出版訊息。

姓名：________________

性別：□男　□女

生日：西元 ________ 年 ________ 月 ________ 日

地址：________________

聯絡電話：________________ 傳真：________________

E-mail：________________

職業：□1.學生 □2.軍公教 □3.服務 □4.金融 □5.製造 □6.資訊
□7.傳播 □8.自由業 □9.農漁牧 □10.家管 □11.退休
□12.其他 ________________

您從何種方式得知本書消息?

□1.書店□2.網路□3.報紙□4.雜誌□5.廣播 □6.電視 □7.親友推薦
□8.其他 ________________

您通常以何種方式購書?

□1.書店□2.網路□3.傳真訂購□4.郵局劃撥 □5.其他 ________

您喜歡閱讀哪些類別的書籍?

□1.財經商業□2.自然科學 □3.歷史□4.法律□5.文學□6.休閒旅遊
□7.小說□8.人物傳記□9.生活、勵志□10.其他 ________

對我們的建議：

____

____

____

____

請於此處用膠水黏貼